さいたまの長屋門

——江戸の記憶を訪ねる

緑区上野田　F家

[目次]

はじめに

長屋門とはどんな建物なのか。もともとは、武士の屋敷を守るために敷地の周囲に塀を回し、その塀とともに屋敷を守るための下級武士などの住まいが長屋の形式で造られた。

その長屋の一部または隙間を通過できるように独立タイプの門などを入れ込み、連続した形式としたのが、後にこの形式の長屋門として成立してきたと思われる。

上野の東京国立博物館敷地内にある武家の門は、長屋門の系列にある大名の屋敷の表門で、格式高い建物である。その他、各藩に海鼠壁《なまこかべ》*仕上げの長屋門や2階建ての長屋門などがあるが、江戸時代、武家の屋敷や門は幕藩体制*のもと、武家の家格により屋敷の有様や門の造りに関して表門・長屋門の様式が定められていた。そしてこの形式の門は町人や村人は許されなかったが、村役人等は造ることができた。

さいたま市は以前、浦和市、大宮市、与野市そして岩槻市の4市に分かれていたが、合併により現在は政令都市となり、10区の行政区に分かれている。さいたま市の長屋門はそれぞれの区に棟数に差はあるが点在している。

これらの長屋門は、各家が先祖から受け継いできた貴重な建物である。現在の所有者たちの屋敷の建物は、主屋を中心に蔵・井戸・納屋・物置などがあり、生活の中心的主屋は、時代に合わせた生活をするために改築や建て替えをし、昔のままの主屋は

海鼠壁
主に壁に平瓦を並べて貼り、その隙間に漆喰を半円状に盛り上げたもの。装飾的であるとともに防火機能もある。

幕藩体制
幕府・藩・村が封建的主従関係を成し、米などを年貢とした石高制を基にしている体制をいう。

ほとんど無くなっている。

しかし付属建築の蔵や長屋門は、祖先の思いや家の格を示すこともあり、丁寧に維持管理し保存されてきている。

さいたま市には文化財に指定されている長屋門が7棟あるが、市内のどこにどんな建物があるという資料は見当たらない。

地元の人から、隣家の長屋門が解体されたという話を幾度か耳にした。指定外の長屋門は市内のどこに、どのくらいの数があるのだろうか。筆者は2015（平成27）年から2019（令和元）年に各地の調査を行い、その探索したデータの結果をここに記録した。

緑区大門　Ku 家

［凡例］

※　写真・スケッチ・イラストは筆者による

※　＊印は上記または下記に説明や図や写真を表示してある

※　図8、9などに表示の各家などは各章のスケッチを参照のこと

※　本文中の「注」「式」は巻末に説明

※　「市」と表記している場合はさいたま市を指す

第1章

さいたま市に在る長屋門の調査と その形式を「種」別化する

大門宿本陣表門　Ａ家

1 さいたま市指定文化財の長屋門と「大宮の長屋門」

文化財に指定されている長屋門について報告書などで状況を調べると、市内にある文化財指定の長屋門7棟のうち、南区にある「細淵家長屋門」は国指定、緑区にある「大門宿本陣表門」は県指定の史跡としての文化財、あとの5棟は市指定となっている。

これらの文化財については浦和市の教育委員会発行の報告書からその歴史や建物の解説、そして図面などは読み取れるが、必要な箇所の図面が見当たらなかった。ただし「大門宿本陣表門」に関しては『埼玉民俗第22号』[注1]などに解説が詳しく書かれている。

この門の創建は元禄7年、その他3棟が表1に記載したように時代が下っての創建であり、他は不明である。

この7棟のうち、中央入口部がニッチ状に引っ込んでいる「立隠れ」[注2]の造りは6棟で、残りの1棟は立隠れが無く、このタイプは納屋門と呼ばれているもので、前面がフラットな立面になっている。報告書『大宮の長屋門』[注3]には、当時85棟の長屋門と思われる建物も加え精査し、42棟に絞って実測およびアンケート調査を行った結果の記載がある。

この報告書では、長屋門について写真や図面を用いて詳しく解説がなされ、平面図と立面図、建物によっては断面図や小屋伏図を起こした実測図と、その建物のデータが掲載されている。

この他のさいたま市の長屋門に関する資料や書籍などを探したが、全域に関する長屋門の資料は見当たらなかった。

調査にあたり

『大宮の長屋門』の調査は、1994(平成6)年から2000(平成12)年度の間に行われたが、その終了時から筆者が調査を開始した2015年は15年が経過している。地域や建物の状況も変化していると考え、これらの長屋門の有無やその環境について確認してみることからスタートした。

調査のポイント

①長屋門が時と共に消えつつあるので、早い時期に記録しておく。(建物の老朽化や街並みの変化、世代交代などにより取り壊しや改築されることがある)。

②さいたま市と各区にある長屋門の総数の記録。(現在のところデータなし)

③元大宮市地区の長屋門の再確認。(元大宮市とは現在のさいたま市大宮区、北区、西区、見沼区の地域に

表1　さいたま市に在る指定長屋門リスト

種	名称	建築年代	指定先	番所有無 特徴	立隠れ 有無	所在地
I種	細淵家住宅長屋門	不明	国 登録	○	○	南区沼影
	大門宿本陣表門	元禄7年	県指定 史跡	○	○	緑区大門
	大門宿脇本陣表門	安永5年	市指定	×	○	緑区大門
	永田家長屋門	江戸時代終り頃	市指定	○	○	西区土屋
	黒門	不明	さいたま市	○	○	岩槻区太田3丁目
	深井家長屋門	弘化元年	市指定	×	○	緑区上野田
III種	旧武笠家表門	江戸時代	市指定	×	×	緑区下山口新田

※　記載事項は、さいたま市HP「指定文化財の紹介」ページより

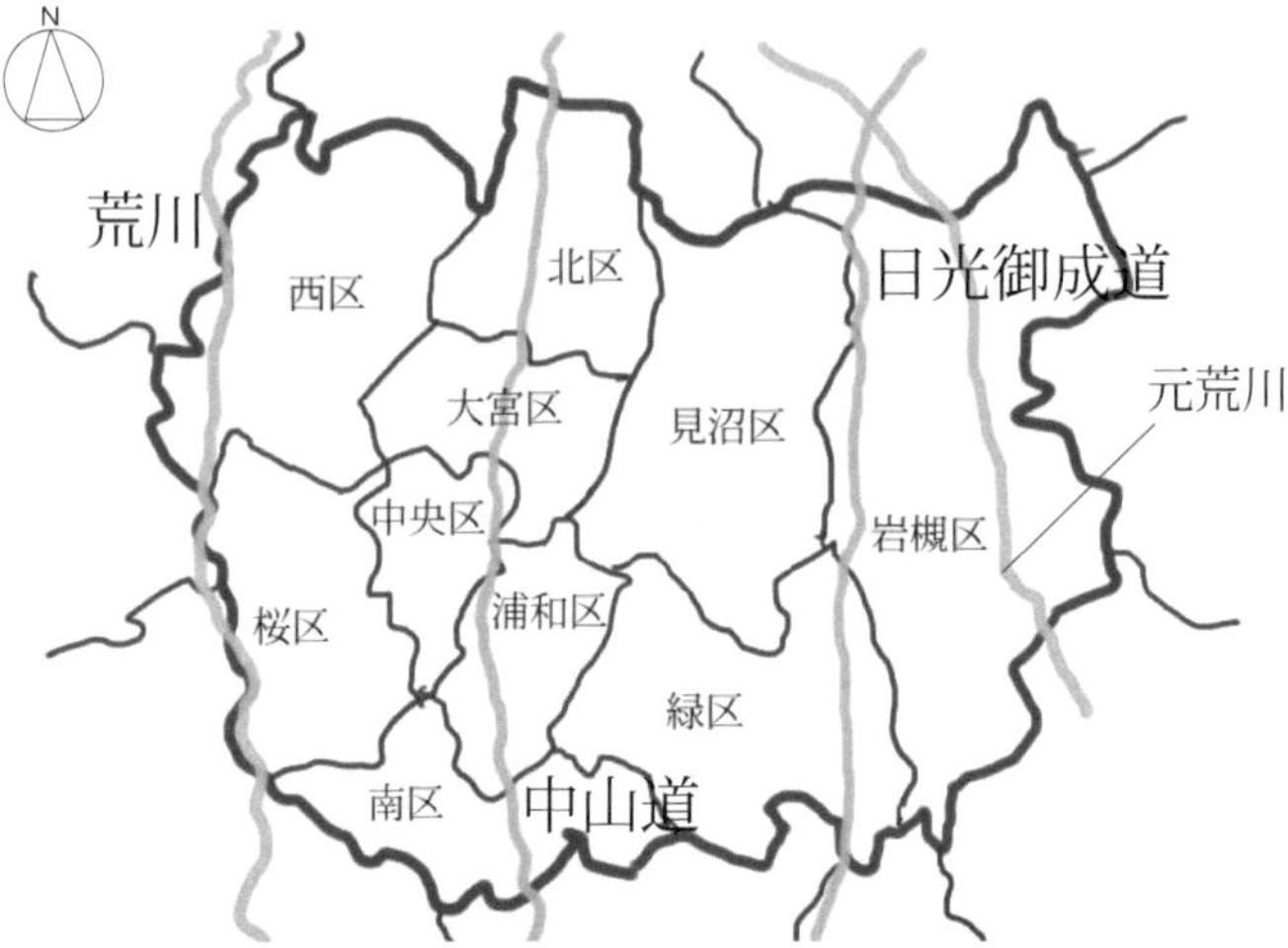

図１　さいたま市 10 区の地図

写真１　緑区旧武笠家長屋門・納屋門（M 家）

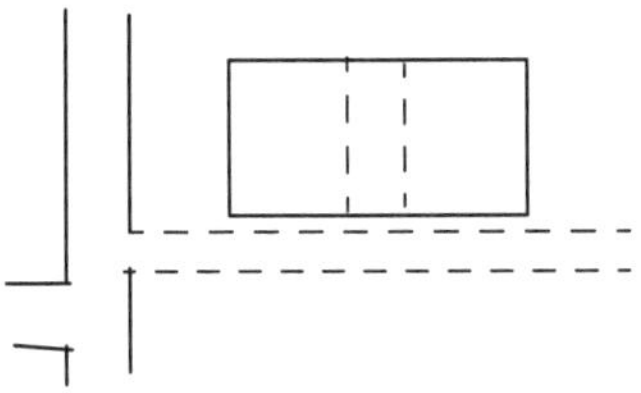

図２　長屋門のマーク

該当している）

④茅葺屋根の建物を実測調査し図面に起こす。

所有者の方に了解を得て実測を実施する。

⑤茅葺の長屋門の構造と屋根の構造を分析。

屋根裏に上り内部の構造を実測し撮影を行う。

以上、５項目を実施する。

調査の方法について

①市が発行している各区の地図・ガイドマップで長屋門の位置をチェックする。

各区のガイドマップに長屋門のマーク（図２）（漢字の目を横にしたマークは正式ではない）がついている場合もある。

②『大宮の長屋門』の報告書を精査し、現地にて長屋門の有無などについて確認。42棟記載されているがどのくらい残っているのか？

③ＷＥＢ ＭＡＰの航空写真などでチェックする。

前記①でチェックした場所をＷＥＢ ＭＡＰで確認し、航空写真とストリートビューで長屋門の姿を見る。

④現地にて建物の形態の確認を外部から行う。

地図をたよりに現地に向かう。

⑤所有者にお会いし、できればお話を伺う。

内外の写真撮影の許可をお願いする。
⑥了解を得られれば実測調査を行う。
日時を決めて後日お伺いする。
⑦所有者へのアンケート。
質問の項目をつくりお聞きする。
⑧建物の実測方法。
建物の平面や高さ関係、そして小屋裏の寸法をメジャーやレーザー機器で計測し、撮影する。

以上の項目を挙げたが、現地に到着して目当ての長屋門がどこにあるのか地図に従って向かっても、裏道や建物の陰にあったりでなかなか探し出せなくて困ったことが多かった。

またこの辺りだろうと行き着いても建物の姿がなく、随分周りを歩き回ったりし、目当てのお宅に辿り着いて、長屋門を拝見したくインターホンを押しても応答がないことが多かった。そのような場合は外観だけでも撮影をさせていただいた。

2 長屋門の形式の見方について

長屋門の姿形は、平面が矩形で屋根材は瓦葺か板金葺で、茅葺はほとんどない。外壁に小さな窓が数個あり、そして建物の中央部分がニッチ状の入口となっている

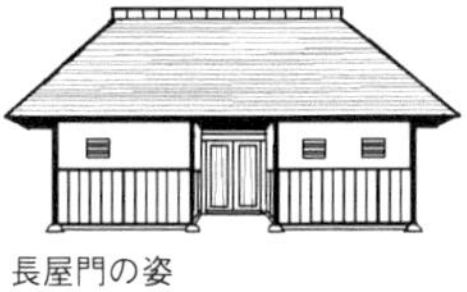

長屋門の姿

状態が、おおよその姿*である。

長屋門の調査にあたり、いろいろな形式の長屋門が想定されるが、その姿形について考慮しておく必要がある。次の①から⑤は、市の教育委員会が長屋門に関して基準となる見方を示したものである。

①立隠れ（ニッチ状）があるか。
②格式のある門構えか。
③扉が両開きか引き分けか。
④門の両脇空間が閉鎖的か否か。

以上の4点が示されている。これらに加えて

⑤建立年代[注4]となっている。

さらに以上の条件がない建物でも、広義には中央に入口があり冠婚葬祭に使われるものや部位が簡素でも長屋門であるとされているもの。この他に筆者は、外観の特長に船枻造《せがいづくり》（出桁造《だしげた》）も加えた。そしてこの中間的なものとして、①の立隠れは無いが、おおよそ②③④を持つものも対象にした。

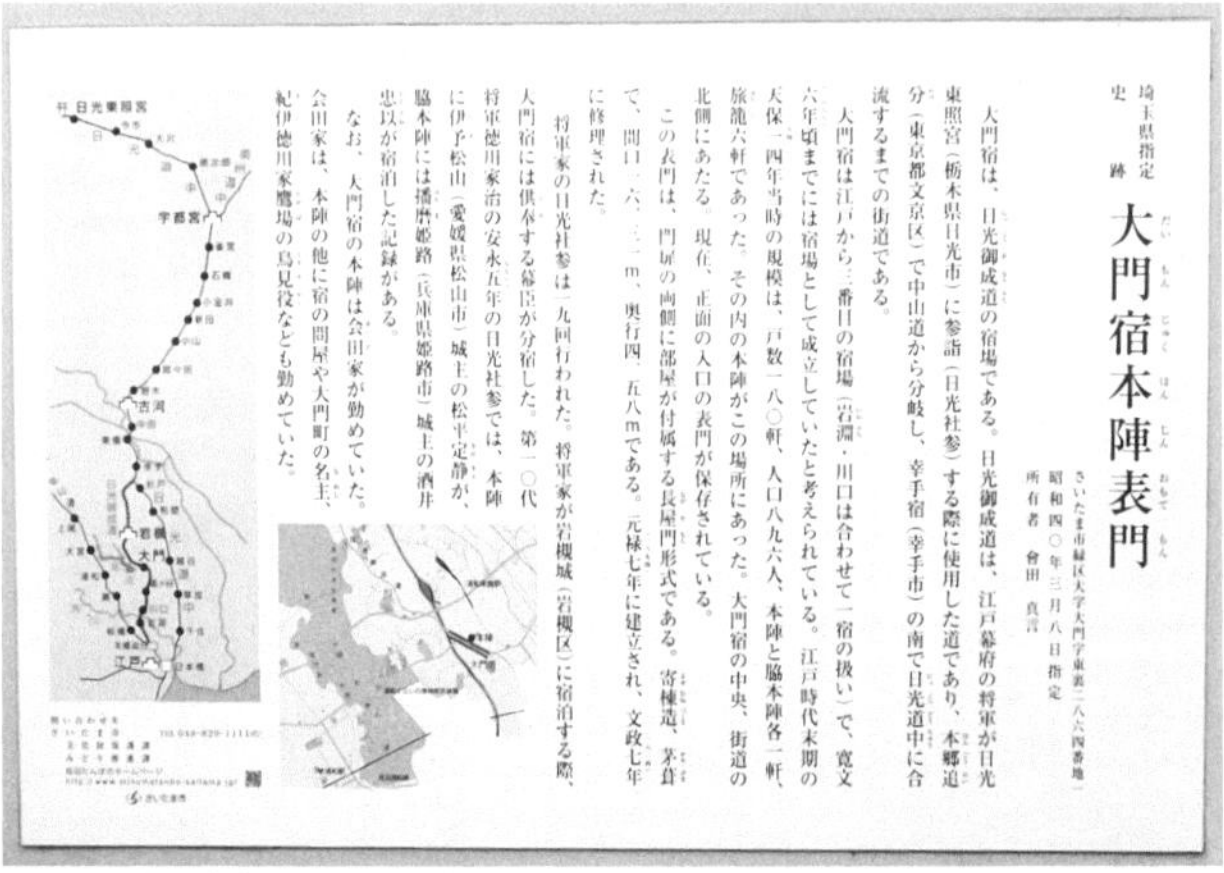

写真2　大門宿本陣表門の立看板

3　長屋門の形式を「種」別化する

調査した資料を整理すると、長屋門が多く存在している区は、緑区の51棟、見沼区41棟、浦和区11棟であり、他の区を含めると合計１３７棟あった。これらの建物をⅠ、Ⅱ、Ⅲ種にタイプ分けをし、ほぼ中央にニッチ状の入口（立隠れ）があり、通路となっているタイプをⅠ種、ニッチ状ではなく正面が平らなタイプをⅡ種

表２　市全域と各区の棟数

さいたま市にある長屋門の各区における軒数

※（ ）内は解体又は新規もの
右欄は（ ）内の数字を引いた合計

区名	Ⅰ種 立ち隠れ・有	Ⅱ種 立ち隠れ・無	Ⅲ種 立ち隠れ・無	棟数合計
北区	6		1 (1)	7 7-1＝6
西区	6			6
緑区	29 (2)	5	23 (4)	57 57-6＝51
見沼区	17	6	23 (5)	46 46-5＝41
桜区	3			3
岩槻区	5		1	6
大宮区	3		4 (4)	7 7-4＝3
中央区	1			1
南区	9		1 (1)	10 10-1＝9
浦和区	7 (1)	1	6 (2)	14 14-3＝11
合計	86 86-3＝83	12	59 59-17＝42	157 137

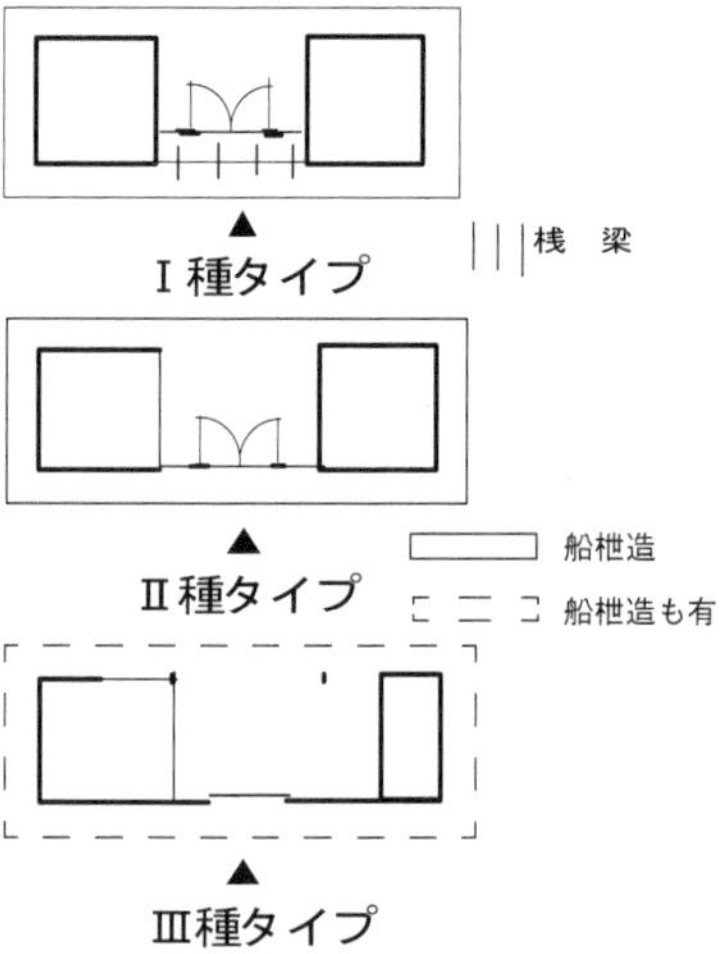

図３　長屋門のタイプの「種」

タイプ分け
この地域の長屋門の形態を筆者は3タイプに分類したが、『大宮の長屋門』では武家門と納屋門を基にして7区分している。『埼玉民俗第22号』ではA種（半間下がり、門柱と脇に潜り戸、冠木回し戸、両脇の控え）を基に、納屋門をD種とし、その間の変化を種別している。

とした。*その結果Ⅰ種が83棟、Ⅱ種が12棟あった。またⅠ種とは異なり、入口まわりの柱梁が簡素で立隠れが無いタイプをⅢ種（納屋門）としたがこの種は42棟あり、調査中に解体された長屋門が数棟あった。（表2、図3）

市全域と各区に何棟あるかという数字は、江戸時代の村制度の地区割りとは無関係なので、その比較は重要性は薄いが、現在、どの地域に何棟あるかの記録は残しておく意味があると思う。

4 長屋門の基本形

さいたま市にある長屋門のスタイルは、緑区大門宿に残る本陣の表門（写真3）の形式に類似している。

この形式の長屋門の平面は矩形で、

写真３　大門宿本陣表門

正面の中央部が引っ込んでいる形式の入口、いわゆる立隠れ形式で、通り抜けができる。武家の長屋門入口の左右にある部屋は、足軽や仲間《ちゅうげん》の控え室に使用されたり、穀物や道具入れの倉庫として使われている。

一般的に建物前面の左右は、上半分の壁は白壁で下は板張り、屋根は茅葺という姿が見られる。だがこの地域のほとんどの建物は、防火や耐風、そして耐久性の点から桟瓦葺の屋根となっている。

和小屋
柱と柱に梁を架けその上に束を建て、さらに梁を架け、棟木や母屋を渡し屋根を造るための構造体。

写真４　カバー工法屋根のアップ

5 カバー工法の茅葺屋根

所有者に聞くと建物の屋根は現在は瓦葺だが、以前は茅葺だったという。瓦葺は茅葺の屋根構造では対応できないので、瓦葺の加重に耐える構造として和小屋形式*に改修したケースが多い。またごく少数だが、中には板金によるカバー工法の屋根（写真4、6）にしたケースもあった。

このタイプはかつての茅葺の上に板金を被せた屋根なので、当時の建物の姿に近い急勾配の形を成している。しかし、茅葺屋根を改築して瓦屋根の勾配を4～5寸前後にした長屋門は、建物の高さが低くなり、全体のプロポーションのバランス（写真5）が崩れている。

一方、元の茅葺屋根に板金でカバーした屋根の勾配は9～10寸前後で、屋根が大きく全体にどっしりとした構え（写真6）になっている。しかし、長屋門と対を成してい

写真５　瓦葺に改修した屋根

写真６　カバー工法の屋根

る主屋は今では建て替えられ、茅葺の古民家ではなく、ほとんどが瓦屋根に替わり、長屋門を構える屋敷の風景も様変わりしている。

6　長屋門の棟数を調査および実測する

市内各地を調査した結果、長屋門と見られるものは157棟あったが、それを精査し先の条件に当てはまる建物を137棟に絞って見ると、その中に前述したカバー工法の建物が12棟、カラーベスト葺などが3棟で、茅葺の長屋門は文化財の4棟のみであった。

従来の茅葺屋根の姿をよく留めているカバー工法の長屋門のうち、調査の了解を得た7棟、文化財指定の建物の追加図面が欲しい2棟とで、計9棟の実測調査を開始した。

第2章

さいたま市に在る長屋門「時系列と名称」

緑区大崎　Ｉ家長屋門

冠木（かぶらぎ）
門や鳥居などで、左右の柱の上部を貫く横木。

桟梁
薬医門や四脚門などの冠木の上に、木口を外に向けて直角に載せてある梁。

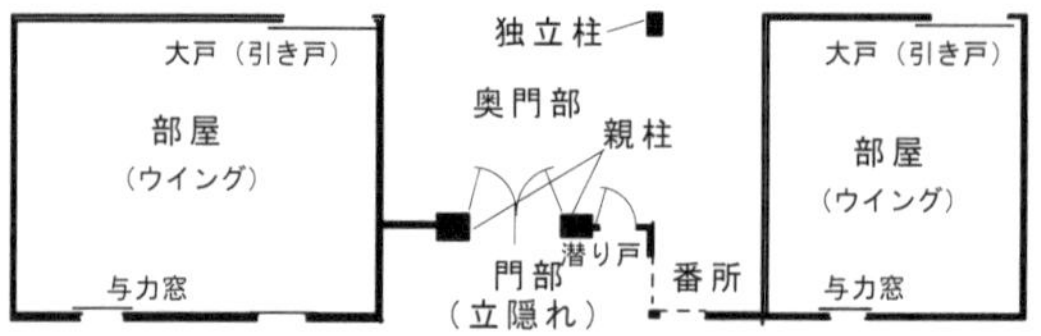

図４　長屋門の各部の名称

この章では、さいたま市にある長屋門を江戸から明治にかけての時間系列で追ってみる。さらに建物の各部位の名称について明示する。

1　改めて長屋門の外観を見る

長屋門のやや中央部にある入口の3尺ほど引っ込んでいる凹部分を当地域では「立隠れ」と呼んでいるが、本稿では入口部を「門部」と表記し、門扉の奥を「奥門部」（図4）とした。門部の幅は2・5間〜3・5間で、その正面には両開きの扉があり、両脇には親柱が立っている。長屋門の門部には親柱の上部に冠木《かぶらぎ》*や桟梁*そして船枻《せがい》梁（桟梁と兼用）などの梁が架かっている。

名主や豪農の長屋門の木組の構成は、入口部の梁と桟梁の組み合わせに、力強さを持つ丸太や角材に架かる桟梁の小口を塗装したり、または銅板を張ったり、門扉まわりを赤く塗るなど[注5]して、門部の意匠として迫力と豪華さを表現している。

2　建設年代による外観の変化

長屋門を創建年代順に配置し、外観と門部まわりの梁についての変化を検討してみた。緑区にある建設年代が判明している古い長屋門は、元禄7年創建の大門にある本陣表門（写真3）をはじめとして、『大宮の長屋門』に掲載されている長屋門についても、窓の位置による外観の違いと立隠れの有無、納屋門（長屋門）の栰梁の有無について分類し、一覧表（表3）にした。

その傾向をみると、江戸時代中期のころの名主や村役人の長屋門は、その時代の社会状況が影響し、比較的質実な造りのようである。

それらの建物の門部・奥門部は栰梁（船枻梁と兼用）と門部幅の梁で組まれていて、軒高は低く木材の太さも細く簡素な造りとなっている。

時代が下り江戸後半になると、幕府に貢献したなどで一部の農家も苗字・帯刀・裃そして長屋門をつくることが許されるようになり、裕福な農家が競争し合い、造りが立派になり、華やかな造りも増していったようである。そして長屋門が解禁となった明治時代には瓦葺も多くなり、大型の長屋門も出現してきている。

「立隠れ」がない納屋門は主に一般農家で普及し、中には名主などを務めた家もあるが、農作業を中心に活用するための建物で、真壁造りが多く、対称性も崩れ質素な造りとなる。このように華やかな造りと質素な造りに分かれていく傾向がみられる。

表3は横列に時間軸をとり、行の上段は「窓は腰板の上にあり、栰梁の本数と受材の形状」、中段は「窓は壁の中央にあり、江戸後期になる」、下段は「窓なしとその他」としてまとめた。

なお表3の窓の位置ついて、軒の出と太陽との関係や内部空間との関連を探ったが、はっきりした理由は不明であった。

保・弘化元、3	慶応元、2	M　3、13,	M　H25、I 34	H3（江A）
角  土呂；新見：天保.JPG	2角 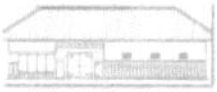 片柳；大熊孝：慶元.JPG	3角 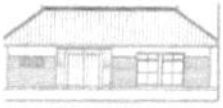 小深作：川城M3.JPG	4角 ※石川：腰板取り外し可  中釘；石川　M34.JPG	3角  宝来；岡田；h3.JPG
右横格子2本角大 右横格子3本太鼓大 右横格子2本太鼓真 は入口	O左縦格子大2角 Y左横格子大桟無し 立隠れなし	K左格子？3角大 H左窓無3角ブリキ	Hやや右窓無3角大 Iやや左横格子4角 大	やや右横格子3角 大
		明治前期  南中野：堀江MB.JPG	明治後期 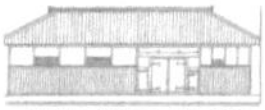 本業町；新井喜：MA.JPG	
2太鼓　H2角（細）	桟梁無し			
井.F　桁は丸太  島H 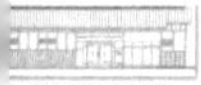 二ッ宮；乾島；弘3.JPG	 土呂；吉田：慶2.JPG			
納屋門・桟梁なし 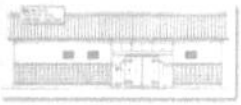 大和田；浅子：江A.JPG		明治後期  山；白子M.JPG  中川；松沢元：M.JPG 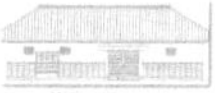 蓮沼；田島M.JPG		
		3角	3角	
		 桜木町；原田豊；M13.JPG	3角　桜木町；原田千；M2 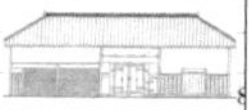	
		 東大宮；金子：M.JPG	 蓮沼；松澤松M.JPG	

表３　建設年代による外観の変化（立隠れのある長屋門のみ）注６

創建年代		寛永６	元禄７年	宝暦６	安永５年/天明３	文化文政
窓は腰板の上	桟梁本数と受材形状	桟梁無し　太鼓梁 ※桟木は外部入口のみ 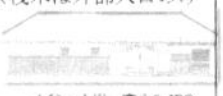 大谷；大川：寛永6.JPG	桟梁無し　丸太 ※[illegible]  大門：会田G7.JPG	2　角(細い) 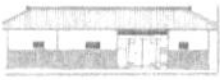 本葉町；新井：宝6.JPG	桟梁無し　太鼓梁  大門；脇本陣	2角 片柳；秋本：文文.JPG ※腰板取り外し可
	特徴	入口　右寄り 外壁は真壁 与力窓横格子 船枻梁３太鼓梁	対称形 大壁 与力窓縦格子 船枻梁３丸太梁	入口右寄り 外壁は真壁 与力窓横格子 船枻梁２受角梁	対称形 真壁 与力窓横格子 船枻梁２丸太鼓	入口はやや右寄り 外壁は大壁 与力まど横桟 桟梁２受角梁
窓は壁の中央	桟梁本数と受材形状特徴				天明３／ 桟梁不明 ※納屋型の基本形か？  東大宮；山田：天明3.JPG　山田（名主）左より立隠れ有り与力窓縦格子旧武笠（名主）は対称形で立隠れ無し	
	創建は江戸後期　凹印は立ち隠れ	凹桟梁２　角梁  緑；駒；?.JPG	凹桟梁２　角梁  本郷町；蓮見；江A.JPG	納屋門・桟梁なし  蓮沼；松沢半：江A.JPG	納屋門・桟梁なし  蓮沼；松澤嶋：江A.JPG	納屋門・桟梁なし  蓮沼；松澤徳：江A.JPG
窓無し					桟梁無し 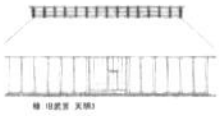 ※納屋型の基本形か？	
その他						

3 長屋門の各部の名称

長屋門は江戸・明治時代の建物で、その構法は伝統構法である。

この構法については後章で記述する。

建物の外観や梁などの名称を図（図5、6）に示したが、長屋門の各部の名称のうち、船枻《せがい》・与力《よりき》・ささら子（簓子）・冠木・八双金物など耳慣れない用語だが、その意味合いは割愛する。なお軒先まわりの図と名称は後章に記載した。

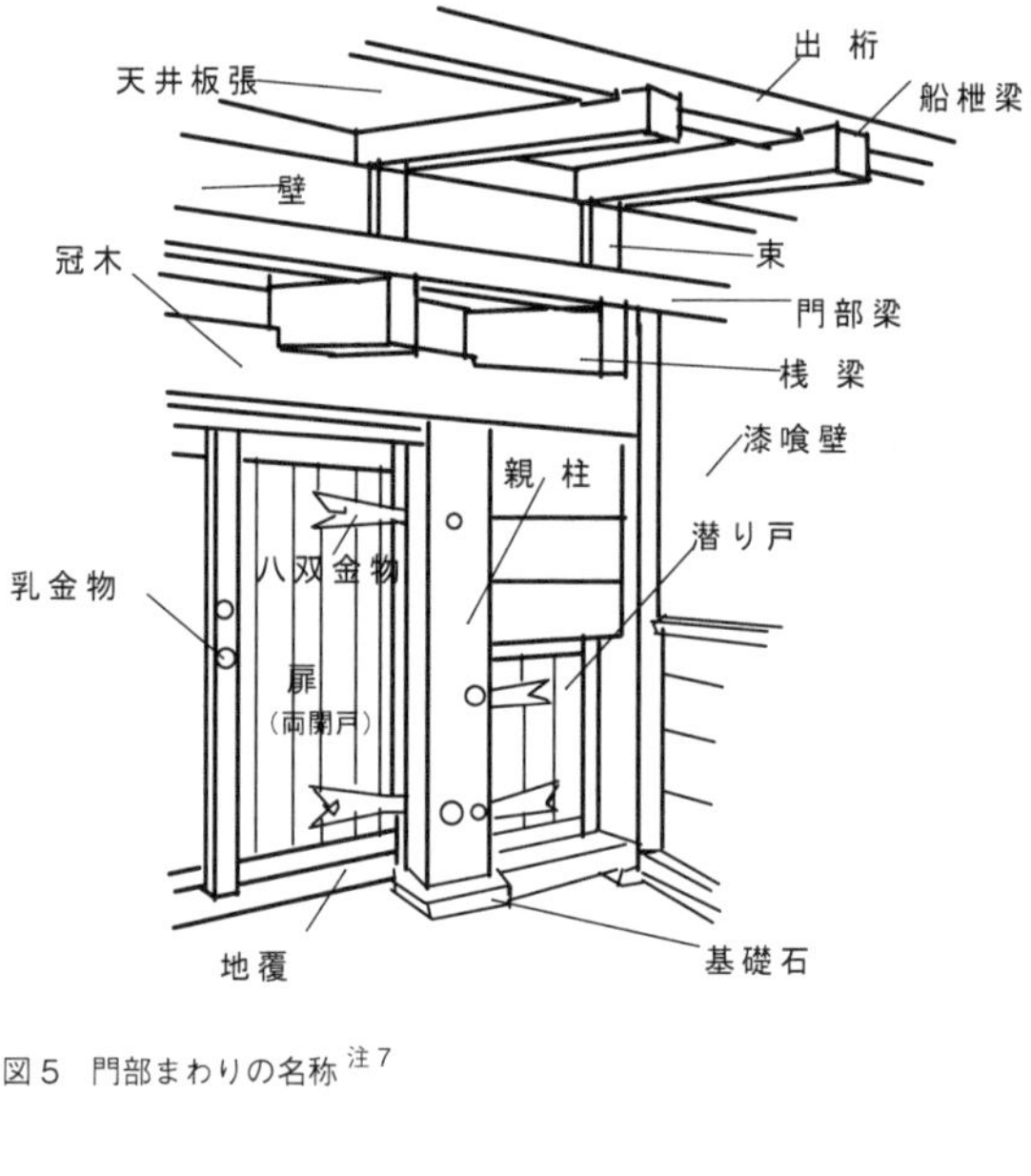

図5　門部まわりの名称[注7]

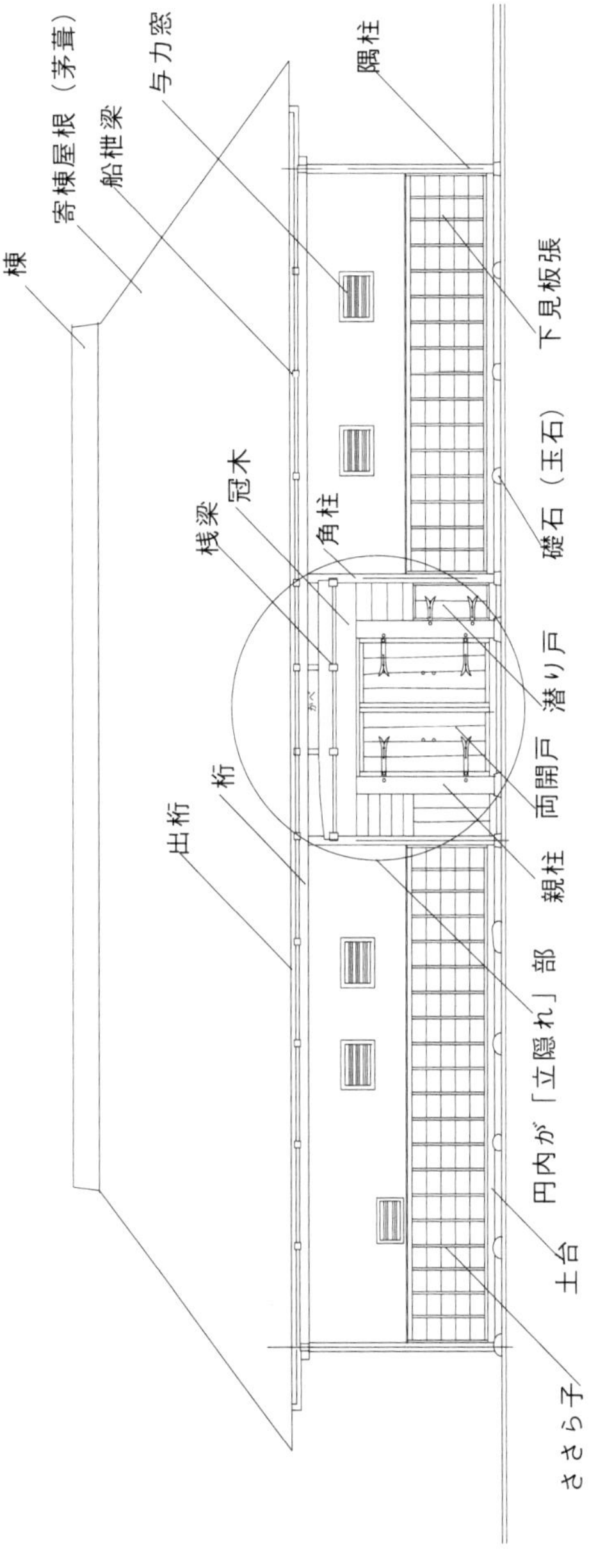
棟
寄棟屋根（茅葺）
船枻梁
与力窓
隅柱
下見板張
礎石（玉石）
冠木
桟梁
角柱
潜り戸
両開戸
親柱
桁
出桁
円内が「立隠れ」部
土台
ささら子

図6　立面の各部の名称

第3章

さいたま市に在る「長屋門の矩計図などを描く」

緑区三室　KO 家長屋門

1 長屋門の木組について

①外壁の構造

さいたま市にある多くの長屋門は平屋造で、壁の構成はほぼ3尺間に柱が建ち、その間を貫*で繋いでいる。

そして壁面は竹を小割にした細竹を組んで下地を造り荒壁を塗り、内部は荒壁のまま。外部の上半分は漆喰塗などとし、真壁*または大壁*の作りで、下半分は荒壁に下見板張とし、簓子*止めになっている。なお武家の長屋門の形式では大壁が基本である。

②船枻造*と出桁造の呼称は地方によって違う

調べた長屋門は、入口(立隠れ)上部が出桁《だしげた》、あるいは船枻《せがい》造を組み合わせて深い軒の出を構成し、格式の高さを表している。

船枻造と出桁造は同義語に近いが、ここでは「船枻造」の用語を使用する。

建物の周囲の軒を跳ね出すために船枻造の工法で茅葺屋根と組み合わせているが、この工法は古民家や神社仏閣でも見られる。

その実用的理由は外壁面への雨掛かりや陽射しを防ぐためであり、また軒の見上げの形が格調高く見えることの良さもある。

これは長屋門においても同様であろう。さらにこれによって屋根下の面積が広がり、農作業にも役立っている。

貫
木造建築で主に真壁に使用される貫(ヌキ)は、柱間に水平材を貫通させくさびを打ち込み固めている。

真壁
木造の柱などを表しにし、仕上げ材はその少し奥に引っ込めて仕上げる方法。本格和室に採用されることが多い。

大壁
柱などを隠して表に見せないように仕上げ、スッキリとした壁面になる。

簓子(ささら子)
壁などに何枚かの薄板(下見板)の端を重ねて、それに合わせてギザギザに加工した細長い木材。

船枻造
長屋門の特徴の一つに、庇の出を大きく出すために船枻梁(出桁)の手法を使っている。その目的は、建物の姿に威厳を持たせること、実用的には庇の出を大きくすることによって雨や日差しを避けることができる。

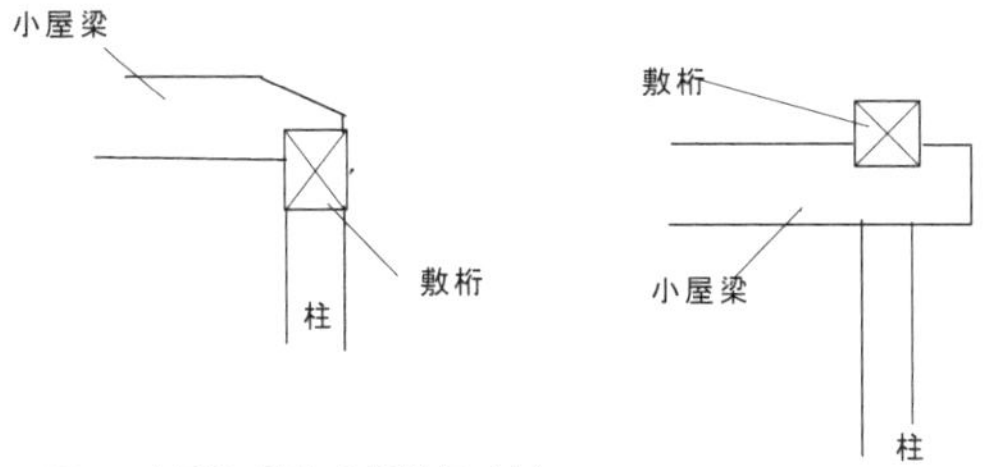

図7　京呂組（左）と折置組（右）

船枻の木組については、梁間の梁の両先端を延ばし船枻造としているケースと、柱から腕木を突き出しているケースなどがある。

③折置組と京呂組がある

小屋組における小屋梁の架け方は、折置組《おりおきぐみ》と京呂組《きょうろぐみ》がある（図7）。調査した建物にはこの2種類と変則のタイプがあった。折置組は柱の上に直接小屋梁を架け、その上に敷桁（図12参照）を渡す形式で、強度に優れるが加工には手間がかかる。かつては平屋造が多いこともあり主要な構法であった。

京呂組は逆に柱の上に敷桁を渡し、その上に小屋梁を架ける形式である。この組み方は、現在は2階建てが多くなったことと、加工が折置組よりも容易であるため、今では主な構法となっている。

2　実測した長屋門の矩計図を描く

①茅葺とカバー工法屋根の9棟の長屋門の実測調査に基づいて、概要書・平面図・立面図・矩計図・小屋伏図を起こした。

茅葺屋根の文化財A家とM家は一部調査図面が報告書に掲載されているが、これを参考資料として使用した。次の図8の矩計図のスケールは統一していない。

②矩計図の模式図

図9は、矩計図を基に柱・梁・叉首組《さすぐみ》などを単純化し、小屋梁の架け方、船枻の梁

や柱との関係、叉首組の組み方、梁や棟木の状態を判別しやすいように模式図として表した。

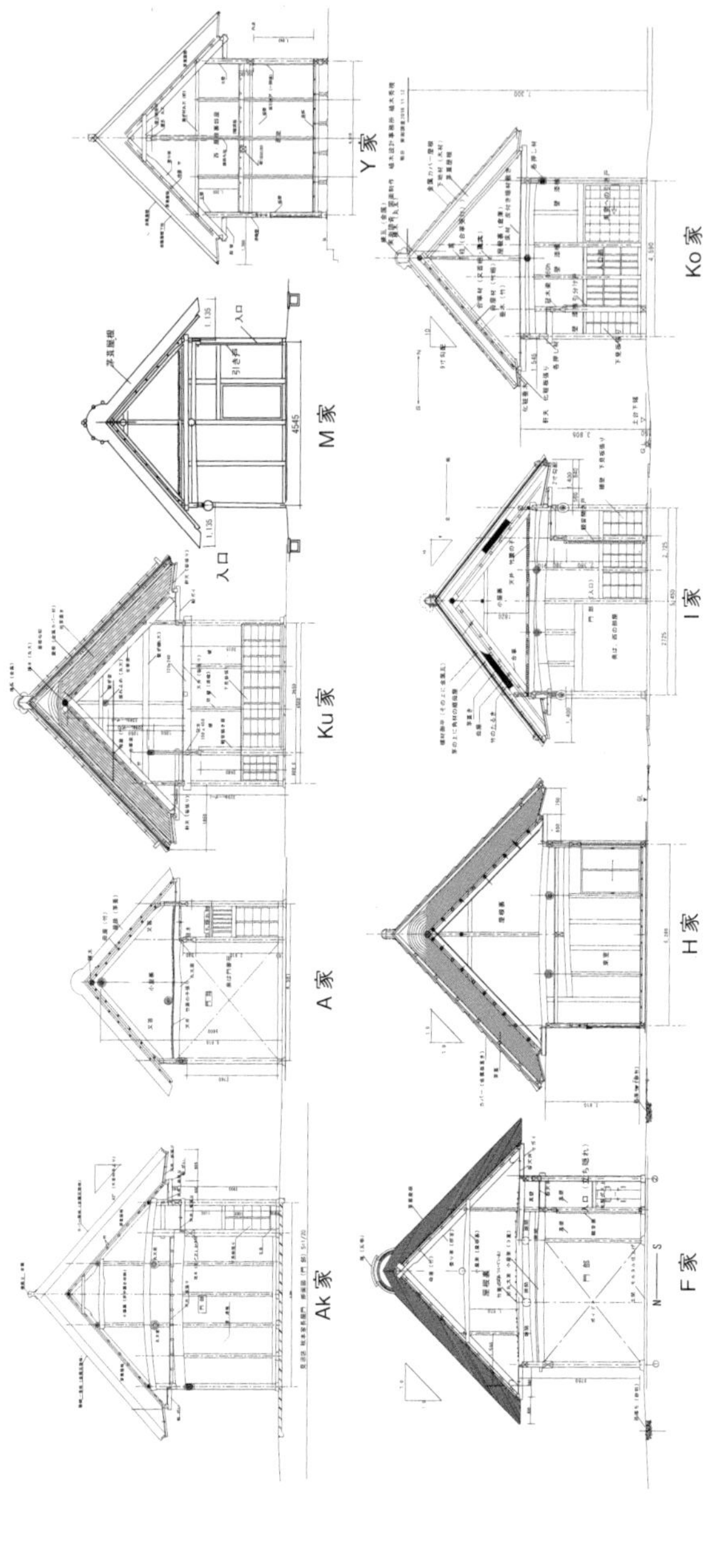

図８　茅葺屋根とカバー葺屋根の長屋門の矩計図（実測図）

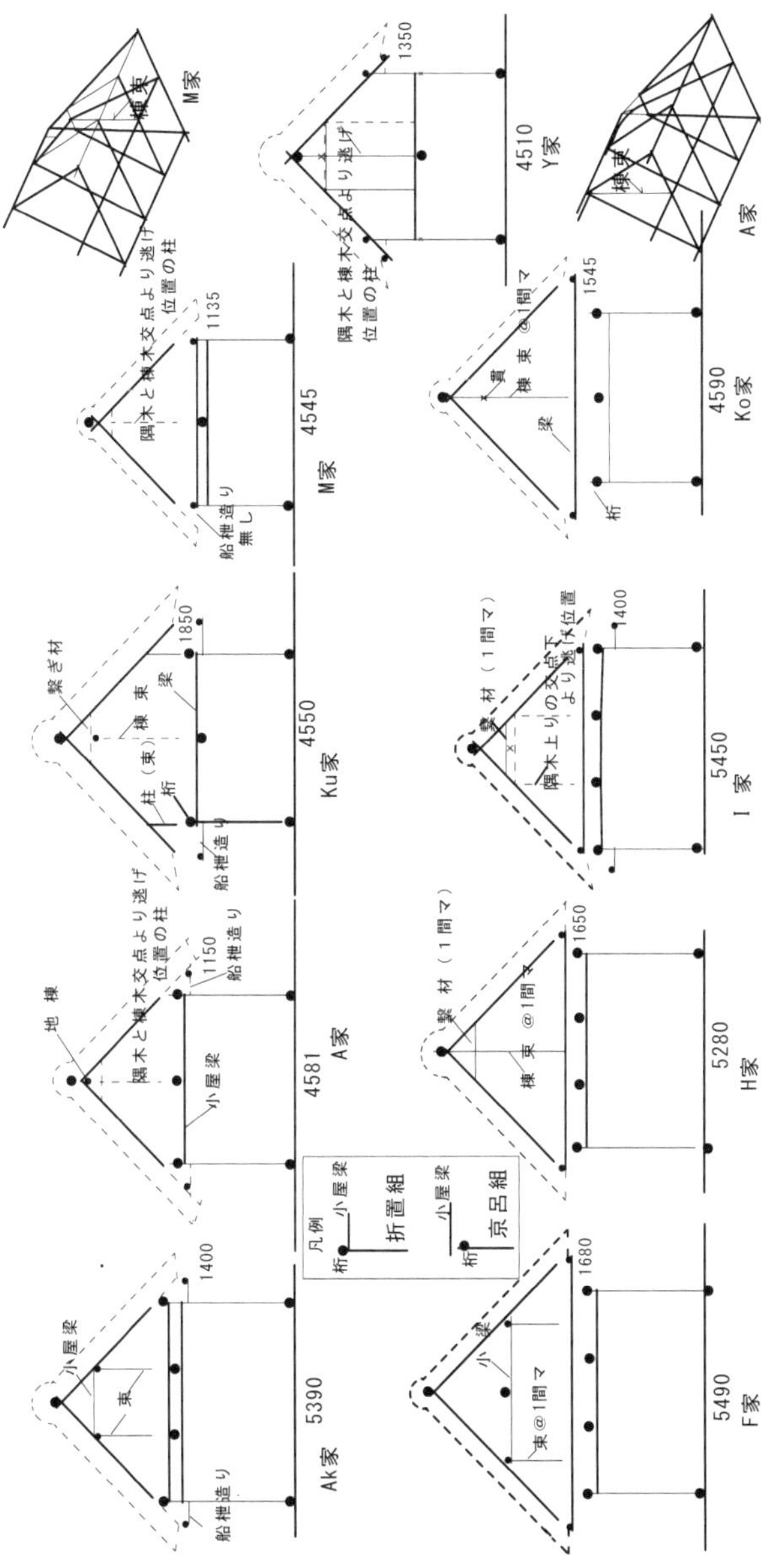

図９　矩計図の模式図
上段は折置組、下段は京呂組、右中段は組方不明。右上下は、M家とA家の小屋組

3　長屋門の部位について

軸組まわり

礎石は玉石、土台回し、主要部の構造は、柱の間は3尺の約910ミリに建ち、貫を通している。筋交いは無し（後付けのものあり）。

実測した9棟の長屋門は、折置組が4棟、京呂組が4棟で、1棟は不明であった。

かつては折置組の工法が一般的だったが、調査物件の「9棟の長屋門・部位の比較表」（表4）でのKu家の木組は折置組で、当主の記憶では長屋門は160年以上前の創建と聞いているとのこと。ということは江戸の末期には折置組と京呂組の建物が造られていたことになる。

梁組まわり

梁組が変則的なY家とKu家を除いて、中央部の桁行方向の梁を梁間方向の丸太梁が挟んでいる。これは梁間方向の水平力に対応するためと、建物の捻れを防止する効果があると大工棟梁は言う。

視覚的にはごつい丸太梁の組み合わせだが、見ると豪快さに驚き感激もする。

叉首組は合掌造

図9にある9棟を見ると、2棟を除いた7棟は梁間の梁の先端に叉首材を刺して三角形を構成している。

木造の屋根の構造形式には幾つかあるが、大きく分けて和小屋と洋小屋の形式があり、これに加え叉首組（合掌造）がある。長屋門では屋根葺材が茅のため重さが軽量なことと、屋根裏に茅や藁を収納するための広い空間が確保できることから叉首組が活かされていると思われる。

矩計図の模式図（図9）では、柱と梁の組み合わせ方を表している。京呂組は桁の上に梁が合わさり、梁の末端に叉首材が組まれている様子を描いている。

折置組

この組み方をしているA家は本陣の表門で、M家は名主も務めた農家の納屋門である。梁間は双方とも約2間半の幅であるが、前者の叉首組である建物の中央部は叉首材のみで構成されている。両家とも棟に対して両端に棟束を建てている。折置組の叉首組の木組は三角形で外部からの力に対し安定した組み方だが、1辺の長さによっては三角形が変形する恐れがあることから、棟に対して束を立ててさらに安定化を図っている。この小屋組は、長屋門の基本形と思われる。

図面で棟近くにある水平材（繋材）と棟束は、屋根の棟の両端部の隅木部材を受ける材を表示している。

A家は名主を務めた家柄で、約3間の梁間があるため叉首材を中間に小梁を設け、束で支えている。Ku家も名主を務めた家柄で、約2間半の梁間に対して叉首材の受け方が変則で、桁上の柱（束）で受けている。中央の棟束は寄棟の隅木が上り交るが、その点から少し下の位置で水平材（繋材）を設け隅木を受けている。

京呂組

この組方をしているタイプも4棟あるが、創建が判明しているF家は弘化元年である。他の建物は先にも述べたが京呂組は折置組より時代が下っての木組と言われていることから、この年代前後より下ると思われる。

H家とKo家の梁間は違うが、船枻造として叉首組の足元が広がっている。この叉首組の棟部を支えている棟束があるが、これが無い場合、屋根の荷重の1／2が小屋梁ないし船枻の先端にかかることから、荷重負荷を低減するためと小屋組の強度を高めるために棟束を建てている。

H家は棟部下で叉首を繋材（水平材）で固めているが、Ko家では梁間が4590ミリだがこの材はない。F家は梁間が約3間あるが船枻造の構造で、4間ほどあることから屋根荷重を分散させるため小梁を架け束で受けている。

I家は3間の梁間に叉首組と棟下のところを繋材（水平材）で叉首組を固めている。小屋組の門型は隅木が上る交点で材が集中することを避け、その下方部で隅木を母屋と束で受け、交点までの部分を細い材を使って屋根下地を作っている（図8、9）。

京呂組での船枻造は単純明快な構造体となっていて、I家を除いて3棟とも京呂組の梁の両先端を延ばし船枻形式としている。これによって叉首組の構造体を安定させ、屋根裏の空間を広く確保している。I家は腕木に枘を作り柱に差し込んでいる。

表４　９棟の長屋門・部位の比較表　表の家８軒は名主を務めている

物件名 / 部位等	Ak 家	A 家	F 家	H 家	I 家	Ko 家	Ku 家	M家	Y 家
年代	文化文政 1804-1829	元禄７年 1694 年	弘化元年 1844 年	江戸末 ～1867	不明	不明	江戸末 160 年前	天明３年前 1783 年	不明
折置き	○	○	×	×	×	×	○	○	?
京呂	×	×	○	○	○	○	×	×	?
船枻/持ち出し	×	△（一部）	○	○	×	○	×	×	×
船枻/腕木	○	△（一部）	×	×	○	×	○	×	○
立ち隠れ	○	○	○	○	○	○	○	×	○
梁間（間数は約）	3 間 5. 39m	2. 5 間 15. 12 尺	3 間 5. 465m	3 間弱 5. 28m	3 間 5. 45m	2. 5 間 4. 59m	2. 5 間 4. 55m	2. 5 間 4. 545m	2. 5 間 4. 51m
桁行	66. 17 尺 20. 05m	53. 84 尺 16. 31m	69. 97 尺 21. 2m	49. 17 尺 14. 90m	54. 09 尺 16. 39m	51. 62 尺 15. 64m	51. 85 尺 15. 71m	51. 42 尺 15. 58m	51. 65 尺 15. 65m
棟束（支柱）間隔	×	○2 本 	×	○1 間マ	△小梁に束西側に	○ 不明	△隅木の交点部近くにあり	○2 本 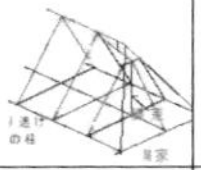	△隅木の交点部近くにあり 2 間マ
繋材（水平材）	×	○	×	○	○	不明	○1 間マ	×	○
小屋組	小屋梁と 小屋束 @1 間マ	隅木は頂部から逃げて水平材で受ける	小屋梁と 小屋束 @1 間マ	×	母屋に束（隅木を受ける）	不明	小屋梁あり	×	×
文化財	×	○	○	×	×	×	×	○	×
備　考	実測	一部実測	実測	実測	実測	実測	実測	資料参照注 8	実測

最後にY家の構造だが、折置組または京呂組の基本構造体が見られない。さらに叉首組の造り方が梁ないし船枻に組まれておらず、1階から延びてきている柱の先端に載る形になっている。そして建物の長手方向の端から約1間内側に入った位置の叉首材が、外壁から450ミリ位突き出ている。

これは何故か。意匠的なのか、材の長さのせいか、当時使われた工法なのか。所有者の話では地震で建物が歪んだそうであるが、これは特殊な組み方の構造体のせいかどうかは分からない。現在は筋交が取り付けてある。

以上折置組や京呂組の構造体は、柱と梁と桁との組み合わせ方法の違いがあり、構法の難易度と強度の差が特徴となっている。

そして上部構造の叉首組は屋根を構成するための構法だが、それも梁間の大きさや桁行の長短によって叉首材の補強方法が工夫されている。桁行に関しては均等に配置したり下部構造によって間をあけたりして補強の工夫がなされている。

4　船枻造のある建物は格式が高い

江戸時代、船枻がある建物は家の格式を表していて、農家では名主や村役などの家以外は造ることができなかった。

A家とKu家の船枻は、A家は三方船枻(図10)で、入口部の梁は梁間から延長し一本もので持ち出している。Ku家の西室部は梁間の丸太梁は折置組だが、船枻は柱か

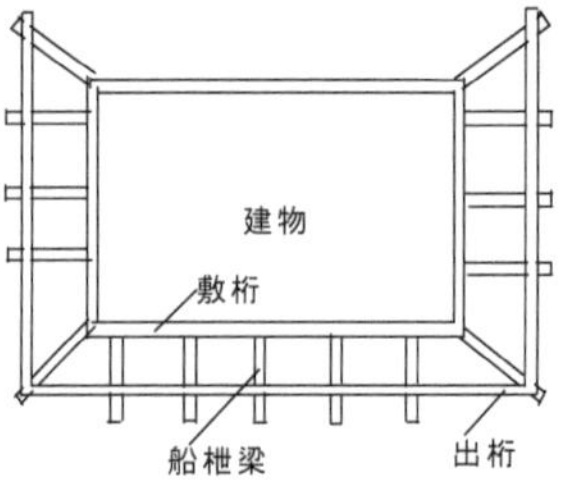

図10　三方船枻造

ら枘*差で腕木を持ち送り*で支えている。Ａ家の入口の左右とＡｋ家は柱から腕木を持ち出している。

　Ａ家の船枻は東・西・南側の三方面に跳ね出され、北面にはない。この形式は藩政時代の禁令だが、村役には許可されていた。後日、解体修理の際に元禄7年の棟札が見つかっている。ちなみにＡ家の斜め向かいにある市の指定文化財である脇本陣の長屋門は、建立時期は定かでないが日光社参*に合わせ建てられたものとすると、江戸中期・安永5年と考えられている。この建物は本陣より約80年下るが、同様に船枻は三方面に造られている。この三方面にある船枻は、家格に応じて造られているが、後の明治時代になると家格とは関係なく船枻を四方に回して造られている建物が多い。

◇◇◇

　以上、長屋門を見て歩くに際して、まずはさいたま市で発行している各区のガイドマップや住宅地図そしてＷＥＢ ＭＡＰ上で位置を確認し、そして自宅の近場にある長屋門から徐々に遠くへと足をのばしていくことにした。

　ピックアップした長屋門を、地図を見ながら探し求め、数年を掛けてさいたま市の全域を巡り建物を拝見し撮影し、時にお話をお聞きしたりした。その結果、長屋門の外観の形式から類別に分類し、それぞれの棟数を算出した。

　さいたま市にある１３７棟の内、茅葺屋根の長屋門は文化財の建物の他に、前述したように元は茅葺の長屋門が、現在は板金カバー工法で覆った茅葺屋根になっている

枘（ほぞ）
木材などの二つの材を接合するとき、一方の先端に作った突起。これを他方に彫った穴、枘穴に差し込んで組合わせる。

持ち送り
水平に張り出した材などを支える部材のこと。

日光社参
江戸時代に将軍家やさまざまな身分階層の人びとが徳川家康を祀る日光東照宮を参拝すること。

のを見つけることができた。そしてこれら多くの長屋門はどのような仕組みでできているのかに疑問を持った。

長屋門の外観での特徴の1つは屋根であり、茅葺屋根の内部の構造は2本の丸太を組み合わせた状態を叉首組造といっているが、別称で合掌造ともいい、その構法を確認できた。また柱梁組には折置組や京呂組の木組の違いがあることを知った。

一方茅葺屋根は耐久性や防火性の弱点があり、その点をカバーするため瓦屋根に改修した例が多く、瓦屋根にするため内部の構造を和小屋や洋小屋に変更し、小屋梁の架け方も時に現状に合わせたものに改修している。数少なくなった茅葺屋根の長屋門9棟の構造を解明するため実測調査をしたが、これらは全部平屋建で、軸組部は柱梁貫による構造体で、いわゆる伝統構法である。上部の屋根構造(小屋組)は前述のように叉首組になっていた。

調査に際しては所有者の方の了解を得て実測し、その結果を平面図・立面図・矩計図、そして伏図に起こした。文化財であるA家とM家は既存の図面を参考にした。快く実測にご協力いただいた所有者の方には、後にこれらの図面一式を贈呈した。

こうした調査は実測調査のため未熟な内容の図面だが、この時代に存在した長屋門の証を記録することができたと考えている。さらに図面化した矩計図を基に構造の模式図を描くことで各棟の特徴を分析し、数は少ないが、さいたま市にある長屋門の叉首組の状態を知ることができた。

第4章

さいたま市の長屋門の工法と木組

緑区　H家長屋門

茅葺屋根を改修

さいたま市に点在する長屋門の構造は、第1章でも触れた日本の古い木造建築の伝統構法で造られている。この構法を用いた長屋門の詳細、部位、そして形態について考察する。

この地域の長屋門は平屋形式がほとんどで、現在、茅葺屋根の建物は市にある有形文化財として指定されている4棟のみとなり、多くの建物は既に防火対策や老朽化などにより瓦葺屋根に葺き替えられている。

そのため茅葺屋根の構造形式だった叉首組は改修され、和小屋や洋小屋などに造り替えられている。中には屋根はもとの茅葺屋根をそのまま下地として使用し、その上に瓦ふうの金属パネルなどで葺いた屋根となっている長屋門も少数ではあるが残っている。この金属パネル葺（カバー工法）の長屋門の数棟を実測調査し、図面を制作した。

調査した家の方々は、先祖から受け継いだ長屋門や蔵は大事にしている一方、主屋の多くは建て替えられ、旧来の屋敷の姿はほとんど見られない。

第1章で述べた個々の長屋門（図3）の形式により3種類のパターンに分類し、屋根まわりと梁や船枻造などに関して考察したが、本稿では引き続き以下のことを検討した。

1 長屋門の梁組

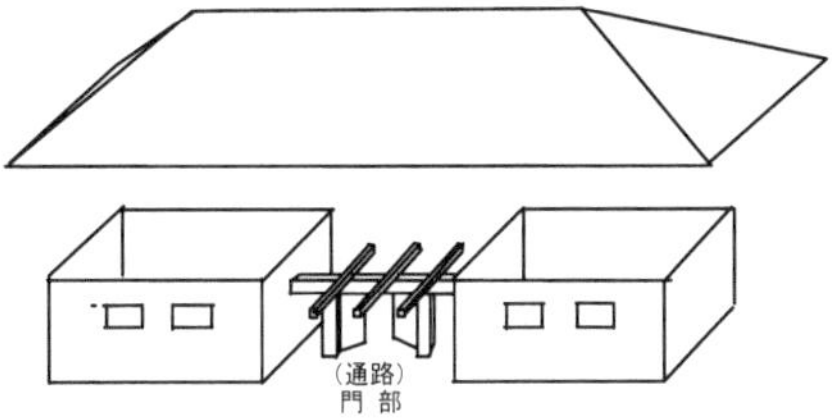

図11　門の連結状態

当市にある長屋門の多くは江戸・明治時代に伝統構法によって建築されている。その軸組がいかなる構法をとっているかは次のようである。

屋根まわりと、柱・梁の組み方については、折置組と京呂組の2種類が使われていたことは第2章で述べたが、この章では構造としての壁と梁組についてその構法に焦点を当てた。

まずこの軸組が単純な矩形の形態の構成に、どのように反映しているかを見てみる。長屋門の屋根の多くは寄棟のシンプルな形態をし、それを支える軸組は平面を基に立ち上がっている。その中央部に出入口としての門部がある。その左右には物置や住居等としての部屋があり、その構造は柱梁で構成され桁方向へ連続していく。

門部は長屋門の発展過程から考えると、武家屋敷[注9]の周辺を囲んだ長屋の間に出入口が設けられた（図11）。この部分には鎌倉・室町時代の形式を継承した門などが組み込まれ、その木組は木割のシステムで作られているようだ。

そこで門部の実測数値と木割とで比較検討してみた。また均整のとれた立面についても、幅と高さおよび腰の板壁の幅が比例関係にあるのではないかと考え、各長屋門の立面図を基にその割合について検討を試みた。

2　柱・梁の木組を調査する

(1)軸組については目視や写真、実測調査などのデータを基に模式図を起こし構造体を確認する。

(2)門部の木割については部材の間隔や寸法を実測し、『匠明*』などに記された木割と比較し、その値を基にして建造されているかを確認する。

(3)壁の割合（プロポーション）については、外壁の長さと高さの比例関係や窓の位置の関係を作図を用いて検証する。

(4)外壁と腰板の割合については、前回実測したデータを分析し確認する。

3 伝統構法の軸組・柱・梁の木組について

(1)長屋門の軸組については基礎の多くは玉石が設置され、土台が据え付けられているが、現在の長屋門の中には隅柱が礎石に直に据えられているいわゆる石場建て*（写真7）の建物もある。

土台を据える工法には2種類あり、1つは土台を四方に敷きその上に柱を据えた方式と、もう1つは建物の隅にあたる柱は石場建てとし、その間に土台を敷いた方式がある。

柱は貫・差物・梁・桁など、継手仕口の加工による「木組」で組み上げてある。柱間はほぼ910ミリ[注10]（以下ミリは省略）に配置され、太さは105角や120角が主である、大梁を受けて力のかかる柱は135または150角が建てられ、隅柱や独立柱は180から200角ほどの太物が使われている。

匠明（しょうめい）
江戸幕府・作事方の大棟梁であった平内（へいのうち）家に伝来した木割書。

石場建て（いしばだて）
礎石の上に柱が乗っているだけの状態で、礎石と柱は固定されていない。

写真７　石場建て

指物（さしもの）
木構造で「差す」といったときは、一般に柄（ほぞ）を柄穴に入れることをいう。差し鴨居や化粧桁のように上棟時に構造材として組み込む部材のことをいう。

継手・仕口
材と材を接続する部分の加工のことをいい、材を長さ方向に延長させるとき（材が平行）は〝継手〟と呼び、材が直交しているときは「仕口」と呼んで区別されている。

(2)平屋建てである長屋門の梁間は、ワンスパンで梁は桁や柱に架けられているが、桁行方向は必要に応じて延ばしていく仕組みになっている。梁間の丸太は、長さが2間ものから3間ものになっている。
(3)壁の構造は（F家の場合）、柱の側面に貫穴を貫通させ、貫材を横通しにして貫穴と貫の隙間に楔《くさび》を打ち込んでいる。貫幅は120前後で厚さは約15～18が使われて

写真８　下地用の土で貫の上を薄く塗ってある

写真９　貫を表した伝統工法の内壁

いる。

この貫材に竹を割った木舞を組み、縄を絡ませて、その上に土壁を塗って壁としている。

外壁は柱を表面に出して土を塗った真壁仕上や、柱を塗り込めた大壁仕上としている。内部の壁は、貫面は薄く左官塗をしたケース（写真8）、塗らずに下塗りのみとしているケースが見られる（写真9）。

表側の壁面は漆喰の白が基本となっているが、時には薄黄色や墨入れをした灰色の壁もある。この時代の長屋門の壁には、筋交は用いられていない。

4 丸太梁を使った梁組

平屋建て長屋門の小屋梁にはワンスパンで1本の丸太梁が架けられているが、時には小屋梁は2本の丸太を柱や桁に架け、梁組の安定と強度を増すための工法がとられている。

平面が矩形である長屋門の梁組について4棟の梁組の模式図（図13）を起こした。

A家の長屋門の場合、門部には太い冠木があり、この上に奥門部から延びている丸太梁が桟梁となり、張り出している（図22）。H家の奥門部上部には、先の丸太のさらに上方に構造体の丸太が架かっている。建物の隅には45度の角度で隅船梱梁が架かり外部に跳ね出しているが、この材が跳ね出した先端で屋根の隅木を受ける構造になっている（図12）。

この組み方は門部の上部の梁は、この2重の丸太に挟まれた2本の梁組に対して、上段の梁が入口側では桟梁となって延びていて、この梁に絡んで天井板が化粧として張り上げられている。この太い丸太梁を人力で組む大工たちの力量は驚きである。

一方、他の2棟の門部の材の構成は、冠木の上から奥門部の丸太梁の延長部が延び、

写真10　桟梁と船枻梁が一本もの

写真11　下側の大梁は冠木 中央が化粧丸太 先端が軒桁

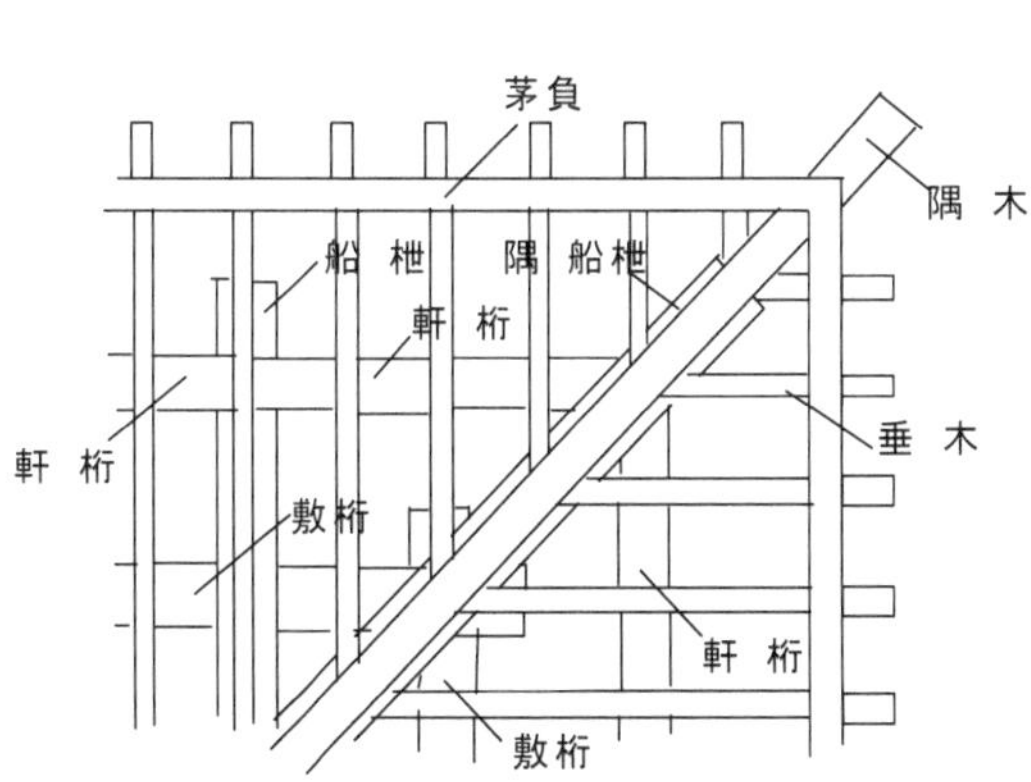

図12　庇まわり伏図・部材名称

外壁面で止まり、その先端の丸太や角梁が門部両脇の柱に刺さっている（写真11）。そしてこの梁で上部の敷桁（図12）を支える。この材から船枻梁が600から800程伸び、先端に軒桁が載る形式になっている。次にこの門部の左右にある部屋の桁まわりの梁組をみる。

長屋門の間取りは、門部を中心に左右に部屋が設えてあり、その梁間は2間から3間になっている。これは梁間2・5間はA家とKu家で、桁行方向は3間＋門部＋3間と2棟とも同じである。

梁間3間はF家とH家で、前者は5間＋門部＋4間、後者は3間＋門部＋2間となっている。

A家とKu家の建物は梁間は2・5間だが、桁行の左右は3間幅で対称となっている。梁間・桁行の丸太梁（中押し梁）（図13）はシングルになっていて、この桁行の短さが梁組を単純にしている要素なのかもしれない。

A家では、中押し梁*（図13）の組み方が梁の上端に架かっているが、Ku家は梁の下側・牛梁*の架け方で長さ3・0間となっていて、梁間は2・5間の中間で受けている。

一方F家・H家は梁間が3間に広がっているため、梁丸太を上下に2本を配し、梁組を強化していると思われる。H家のウイング部の二重梁は確認できなかった。2本の梁の間に中押し梁を挟んでいるが、この木組の方式は屋根の荷重と横力や自重に対する捻じれ対策の工法と知人の棟梁は言う。

中押し梁
この木組は桁行方向に入れた太い梁。小屋梁の中間に位置し、その上端にある。

牛梁
この木組は桁行方向に入れた太い梁。小屋梁の下端にあり。その中間を支える。

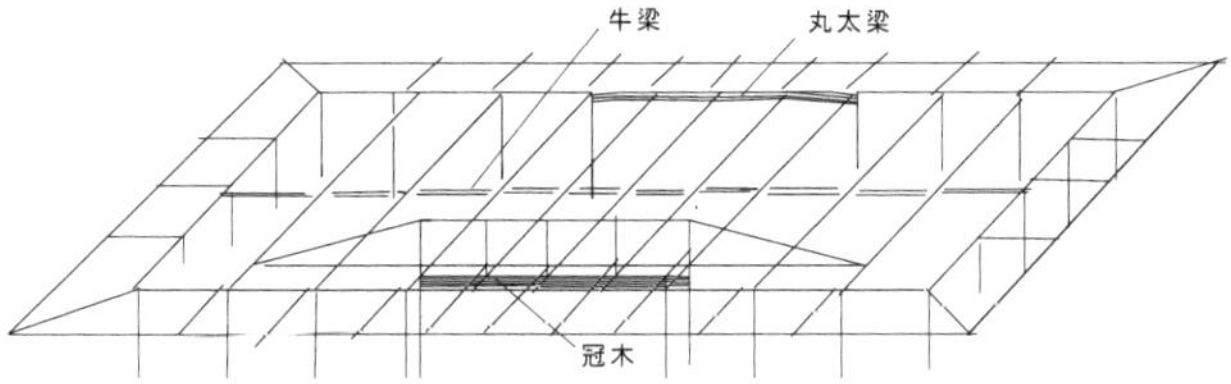

Ku 家

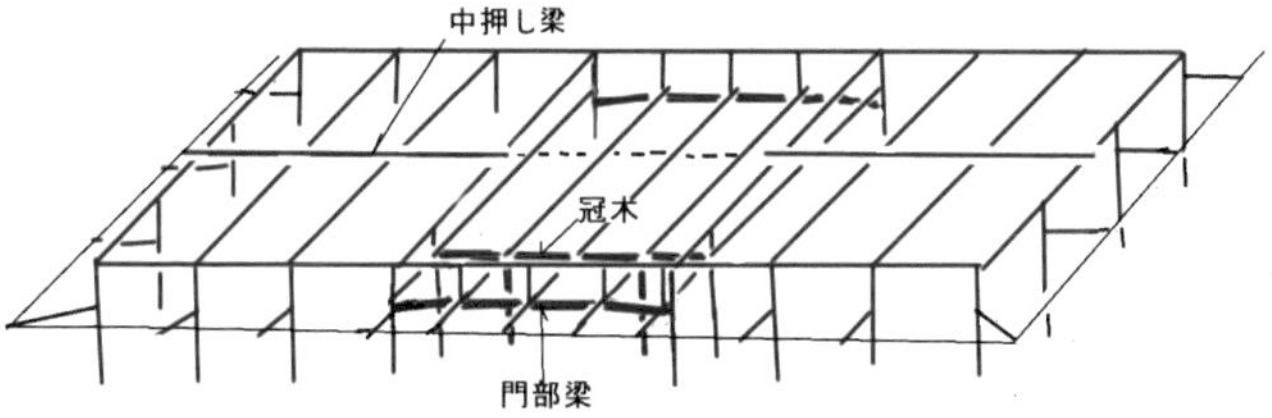

A 家

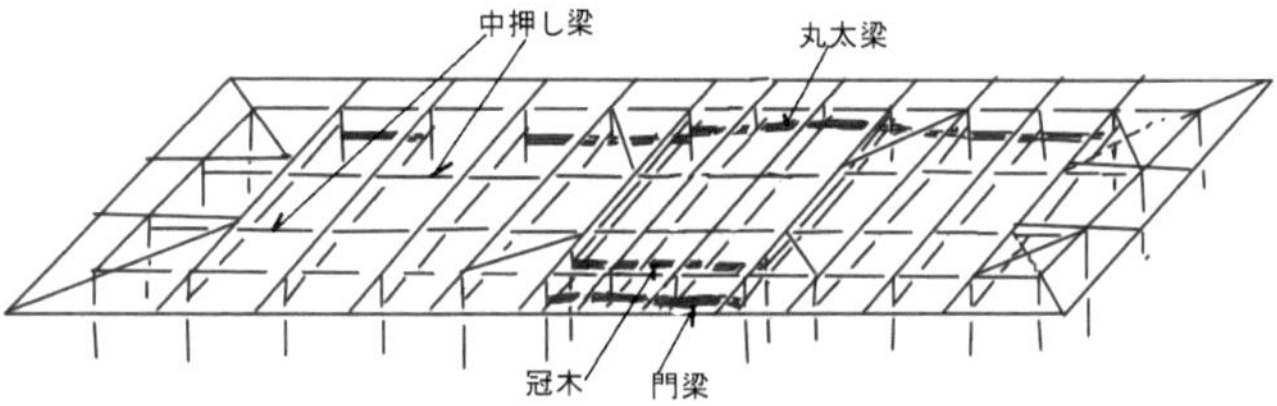

F 家

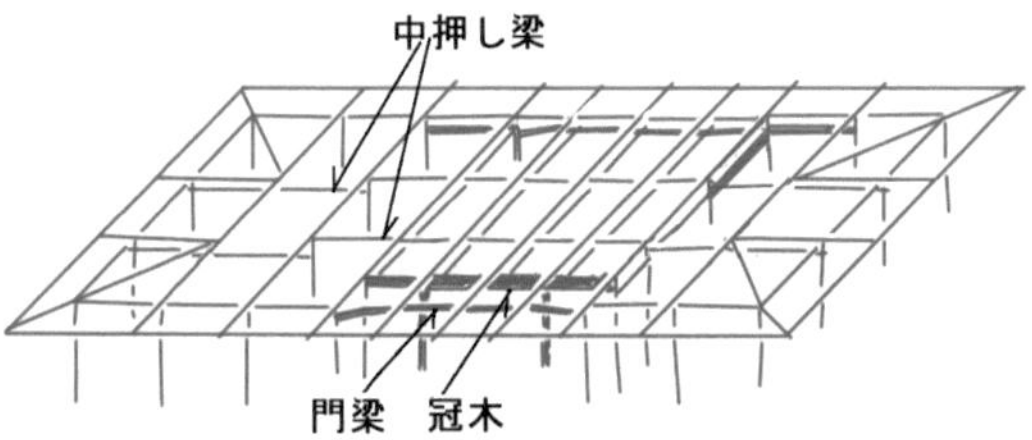

H 家

図 13　梁組の模式図

さいたま市にある長屋門の梁組は、門部上部の梁は門扉を開いて中に入った奥門部の上に延びている。栈梁と船枻梁との木組と左右の空間部との梁組が組み合わさって、小屋梁の仕組みが出来上がっている。

第5章

長屋門の門部まわりの木割とプロポーション

見沼区　Ak 家長屋門

1 門部の木組は木割

(1)門部の木割と実測値との割合の比較

古来の神社仏閣は木割によって設計されたことが江戸時代の大工の伝来書『匠明』などに書かれていることから、長屋門の通用口・門部まわりは伝統の木割によって造られているのか検討してみた。

中世時代の寺社建築の小屋組の垂木の配列は、枝割*を単位とし各部の比例値が決められていて、その数値を基に各材の寸法や材同士の間隔を導き出すシステムになっている。

調査した長屋門の屋根は茅葺で、垂木として竹が細かくランダムに配置されている。従って垂木間の「枝」の単位では各部の寸法が導き出せない。

木割の資料として『匠明』の門記集の冠木之門と薬医之門、そして「武家ひな形本」の薬医門の木割、さらに「建仁寺派家伝書門集 唐四足門の木割組成図*」を基に、実測した各長屋門の門部まわりの部位の数値を算出して、先の資料の木割値をリストアップして表5にまとめた。

枝割(しわり)
垂木の巾と垂木の間隔を合わせた間隔を「一枝(いっし)」とし、神社建築の各部材、柱間や柱の大きさなどの各部材の寸法を決めるシステム。

木割組成図
木割のいくつかの要素・垂木の巾やその間隔、材の大きさなど、その関係を組み立ててそれを図にしたもの。

表５　各資料による木割と実測値の一覧表

門の部材	冠木門	薬医門		建仁寺派家伝書・門	さいたま市の長屋門	
	匠明		武家雛形本	集唐四足門の木割組成図（※４）	９軒の実測値	９軒の実測値における割合
枝：α						
(イ) 柱間巾	19 尺	13 尺　(L)		24　α （柱間：L）	2700、2405、2580、2555、一、2410、2425、2650、2400、	一
(ロ) 柱巾	1 寸 2 分	1.5 寸×L ＝1.95（C）	幅（見付）柱間の 0.15	0.11 L （本柱太さ：C）	290、325、310、315、280、320,、290、320、315、	0.1.07、0.108、0.12、0.106、一、0.133、0.12、0.12、0.13、
(ハ) 柱の厚さ	7 分	7 分	厚さ(見込）幅の 0.6		120、160、150.、130、120、165、140、150、150、	0.413、0.492、0.483、0.412。0.428、0.515、0.482、0.468、0.476、
(ニ)冠木下から土台下の寸法 130(ニ)/(イ)	7 分？	7 寸 ×L＝9.1 尺	柱内法（高さ）の 9/10	0.8 L （地一冠木下端）	2660、2490. 2810, 2700、2510、2615、2560、2520、2515	0.98、1.035、1.09、0.91、一、1.08、1.056、0.951、1.05、
(ホ) 冠木の成	7 分	8 分 × C ＝ 1.56 尺	本柱幅の 0.6	0.8C	390、380.、330、380、300、390、360、450、450、	1.34、1.17、1.06、1.21、1.07、1.22、1.22、1.41、1.43、
・上記のリストは匠明に出ている冠木の門と薬医の門の木割値を掲載した。 ・両門とも柱間が絵図に記載されている			篠田銘木季刊誌「木-69.2」伊藤要太郎著		□は大、＿は小さい数値 上記数字は、 A,I,Y,F,Ak,K,H,ku,ko の家順	□は大、＿は小さい数値 および同じく左

2 木割と各門部の実測値による比較

(1)木割組成図の木割値では、柱間幅L＝24αとなっているが、αは枝《し》で茅葺ではこの基本数値はないのでこの式は使えない。しかし親柱間（図4）の内法寸法は実測値L寸法となり、各部材などの木割としての基準値となる。実測9軒の値L＝2405～2700となっている。

(2)柱幅（親柱）は、表の最小木割値は0・11で0・15は柱が太目になるが、0・11と0・12とすると、実測値はこれにほぼ近い数値を示している。

(3)柱の厚さは、直接長屋門の形態に影響はないが、0・515は木割値の0・6に近く、全体に柱の厚さは薄目になっている。

(4)冠木下から土台下は、木割は0・9があるが、実測値は1・0前後の数値となっている。

(5)冠木の木割は0・6が小さく、実測での数値は1・06が中では近いが、材が太いことを表している。

3 門部の寸法（プロポーション）は木割によるものか

親柱の内法Lは、実測値は2400～2700となって確定されているので、これを基に各部の数値を算出した。

(1)表5（ニ）は木割0・91であるが、実測値の割合は全般に1前後の数値となっている。

開口内法（高さ）は基準より高く設定されているが、門部の親柱内法は縦横同寸法に近く、ほぼ正方形に近い形をしている。
(2)親柱の幅は木割0・11〜0・15に対して実測値での割合は1・06〜0・13と細ものから太ものといろいろだが比較的近い関係にある。
(3)冠木の成については、木割の0・6〜0・8に対して実測値での割合は1・06〜1・43となっていて、大きな材寸を使っている。これは門まわりの威厳や家格を強調するために使ったと思われる。以上、表5に示した木割書の各門の値と実測した長屋門の部材寸法の割合とが一致するかどうかを調べ、表5の4つの項目で木割寸法と実際の建物との関係を割り出してみたが、結果、木割のシステムで建築しているかどうかは不明であった。
当初モデルで想定をした大門地域のA家長屋門も、正確な木割は示していないが部位によっては近いものもある。

4　外壁面の大きさの割合（プロポーション）を検討する

長屋門は大小の規模の違いはあるが、形式は似通っている。その中で最も古い建物は大門地域のA家の長屋門で、創建が元禄7年と判明している。

この地域の各長屋門の門部や外壁面の構成などは、A家の建物をモデルとして人々

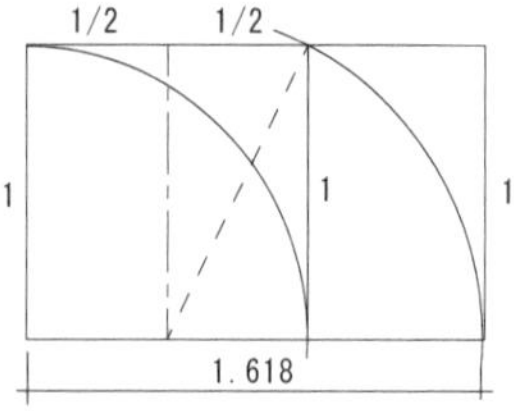

図14　黄金比の作図

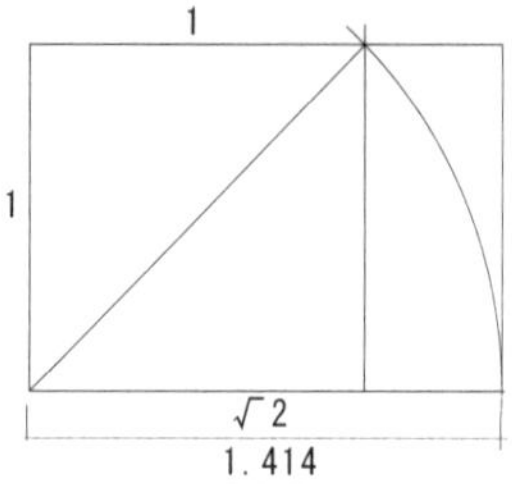

白銀比

白銀比
日本では縦横の比率が白銀比1対$\sqrt{2}$＝1対1・414が好まれ、風呂敷や畳（正方形を2つ合わせた）そして升などの正方形のモノが多く存在する。

や職人たちの創意工夫、あるいは伝承によって造り出されたのだろうか。

5　外壁の高さと長さの割合は黄金比・白銀比によるのか

軸組部の壁面の高さと幅の関係は何かの規則に従って決定されているのだろうか。門部まわりの構成寸法は伝承の『匠明』に記録されている木割の方法に類似しているように見えるが、外壁面の高さと幅（長さ）の関係も何かの基準に従って構築されたのではないのか。それとも単に携わった大工たちがそれぞれの経験や勘によって立ち上げたとも考えられるが、この地域の長屋門の形式がすこぶる類似していることから、先に見た木割のような割合で算出されているのかもしれない。

日本建築の神社仏閣などの建物の立面や平面形は、白銀比*によって構築されているものもあるという。

そこで長屋門においてもこの仮定、即ち黄金比と白銀比の比率にそっているかを検討してみた。

平屋の細長い建物の門部を中心とした左右の壁体は、尺貫法により6尺または3尺間によるグリッドで構築されていると思われるが、桁行の尺貫法の規則性と、土台から桁または船枻梁の高さの寸法に一定の比例関係があるようにも見える。立面の矩形に黄金比そして白銀比などの作図法を用いて割合を見る。

A家について

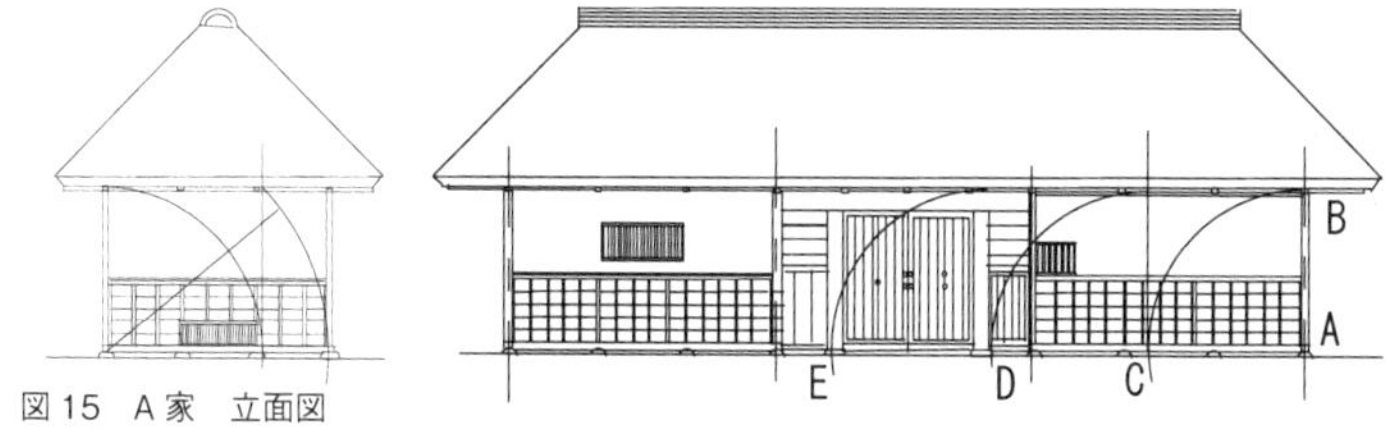

図15　A家　立面図

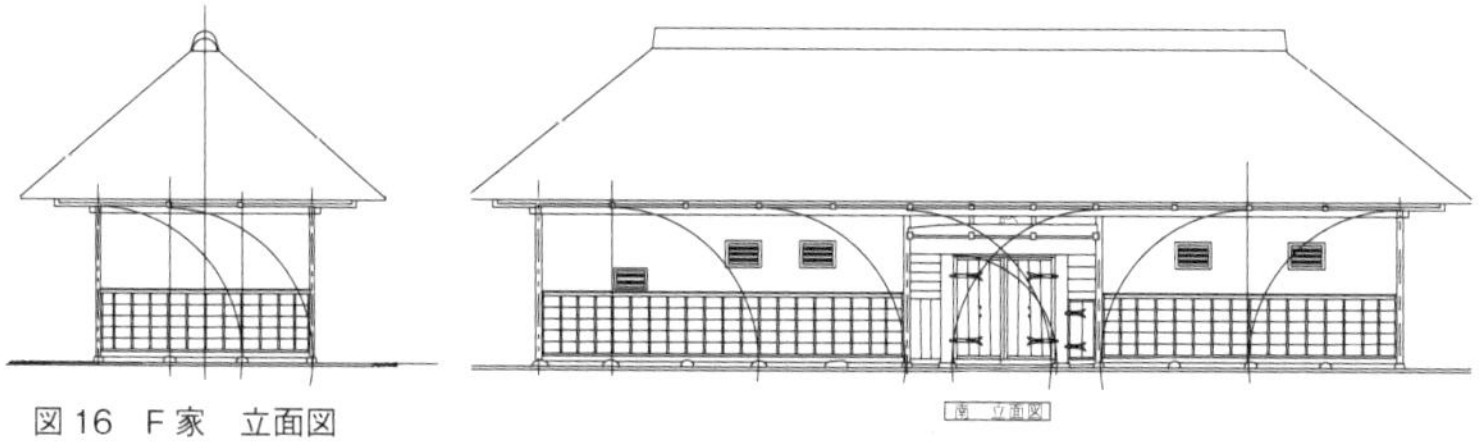

図16　F家　立面図

この長屋門の立面は、門部を中心に左右対称形となっているが、窓の位置や大きさは対称になっていない。

土台下端から桁上場端までの長さを建物の隅柱芯で土台下端をA点とし、そこを中心にB点（桁上端）までの円弧を描き、その線上の点C点を中心に先と同様に円を描くと、門部の親柱の外側と一致する。

同様の方法で左側も描く。次に親柱の外側の下端D点を中心に反対側の親柱の外側の半径で円弧を描くと桁上端と一致し、この作図部分はほぼ正方形となる。

門部の高さに冠木の成を加えた寸法は3205[式1]で実測値であり、土台から桁までの寸法の倍は6410、A－Dは6455[式2]でほぼ一致する。門部の親柱の外法寸法D－E＝B－Aで円を描くと、門扉部もほぼ正方形を示している。

側面の幅・実測値は4570、A－Bの正方形の対角線（白銀比）は4532・55[式3]となり、円弧を描くと側面の幅・実測値は4570で隅柱にほぼ一致する。

F家について

建物の規模がA家よりも左側が1間長くなっていて非対称形で

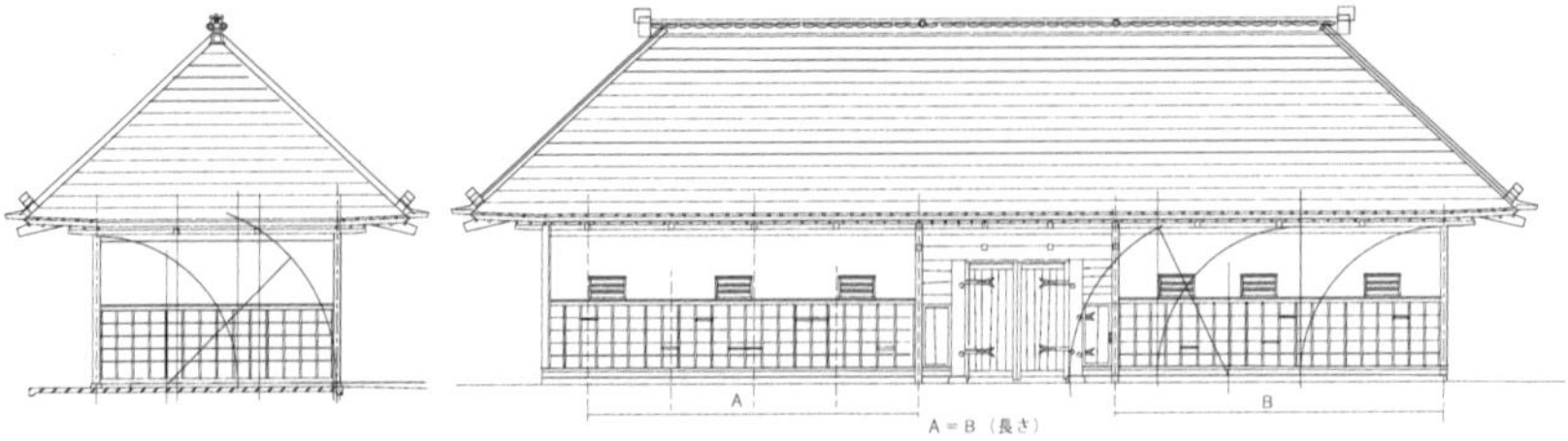

図 17　Ak 家　立面図

ある。A家のA－B寸法の押さえと同じく3連の円弧を描き、土台下から桁上の長さの倍7300[式4]は桁行方向の長さの実測値7270でほぼ一致する。

左側は変則だが、右側と対称にするために1間短くし、同じく3連の円弧を描くと門部の右親柱の内法と一致する。また門部の親柱内側下を中心に円弧を描くと、門の内側は正方形になっている。

なお門部を中心に左右は小窓の位置が多少違うが、これは左右対称形を意識しているようだ。

側面は幅5465（3・0間）だが、前面の立面の作図と同様に円弧を描き、この円弧を土台下の半分の位置で同等に描くと、反対側の角柱の位置に合致する。この側面の矩形は1対1・5となっている。

Ak家について

この建物は一見すると対称形に見えるが、左側がF家より桁行方向が3尺短い。

右隅柱の位置で土台下端より桁上端の寸法で円弧を描き2連とし、2連目は円弧の半径の中心と土台下端との交点で円弧を描く（黄金比）と、親柱の右側の内法側と一致する。これにより、立面の大枠を構成することができることになる。

側面は土台下から桁上の長さで円弧を描き、底辺の半分の位置で円弧（黄金比）を描くと反対側の隅柱と合う。

土台下端から桁上場までの実測値3190・00[式5]（a）

図18　H家　立面図

桁行方向の実測値８３７０[式6]
桁行方向の円弧の一つ３１９４・００[式7]（ｂ）
　ａ／ｂ＝０・９９９[式8]　したがって３１９０は３１９４にほぼ等しい

H家について

H家の建物は非対称形。基準となる高さを桁下と土台上端で押さえ図のように描くと、門の両扉の中心を通る。側面も同様に２連の円弧を描く。

下記の図は上図と同じだが、右側の腰板のある壁面は１対１・４１４の「白銀比」で作図できる。左側の外壁は、１対２で門部も同様のプロポーションである。

白銀比や１対２の比率は、日本の環境のなか、畳や障子などの形に見られるパターンである。

桁下端から土台上端まで、実測値２７１０[式9]
桁行方向の門部中心までの実測値は６５２０[式10]
で円弧による門の中心までの距離は６５４２
６５２０は６５４２にほぼ等しい
側面の幅の実測では５２８０（ａ）[式11]、
円弧２つで５４２０（ｂ）[式12]
（ａ）対（ｂ）　したがって５２８０は５４２０おおよそ近い[式13]
この他の実測した建物でも以上の方法により割付を試みたところ、近い数値の結果

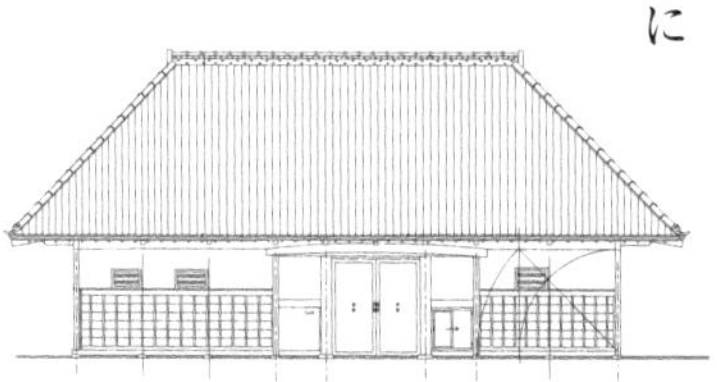

図19　Ak家

となった。

6　対称形と非対称形の長屋門

門部が中央にあり対称形をしている立面の事例は前述のA家が代表的な建物だが、その他は『大宮の長屋門』の調査報告書を分析すると、門部は左右どちらかに寄っていて非対称の建物が多い。

それらの立面を検証すると、門部を中心にした左右対称形の建物の多くは窓も対称的な位置に置かれているケースが多い。

一方非対称の建物では、門部を中心に小さい方の立面を反対側にも移しているが、はみ出た立面部分は適当な位置に窓が切られていることもある。

例えば先のＡｋ家の場合では、図19の矩形に囲った部分は対称形にこだわっている様子が見える。

しかしこのような長屋門は、建物全体からすると対称形に作られていない。

その理由は、武家屋敷の長屋門は格式と権威を重んじたことから、対称形は有効な形であったが、農家系の長屋門は実用性に重きを置いたからだろう。

7　外壁の板張りの幅

壁面の板張り部分は壁の2分の1に設定しているのか、目視で半分に収まっているように見える。

表6は、上段の数字は腰板部を実測した数字、下段㊦欄の数字は上下幅の割合である。各建物の下見板の上下幅に対しての割合を計算。実測した9棟を比較すると、1・1から0・98を示していた。1・17はH家とKo家の長屋門だが、これは腰板部分が半分より大きいことを示している。

それに対して0・98は腰板部分が半分以下ということで調査件数として少なく、平均値は1・073となっている。このことから長屋門の立面の腰板の幅は、外壁の高さのちょうど1／2に設定されていると思われる。しかし実際は下見板の1枚の幅によって多少違ってきているようだ。

表6　腰壁の下見板張の高さ寸法と比率、および建築面積と門部の幅寸法

	① A家	② I家	③ Y家	④ F家	⑤ Ak家	⑥ Kj家	⑦ H家	⑧ Ku家	⑨ Ko家
腰の高さ（実測値）	1,435	1440	130+157= 1700	135+60+135 +90+20=1655	200+1480 =1680	1675	1750·2=1725	1520+12020 =1560	1750·25= 1725
土台下端より下場まで	3100/2= 1550	2860/2= 1430	3230/2= 1615	3700/2·170= 1680	3290/2= 1645	3315/2= 1657.5	2945/2= 1472.5	3006/2=1503	2945/2= 1472.5
割合	1550/1435 =1.08	1440/1430 =1.01	1700/1615 =1.05	1680/1655 =1.02	1680/164 =1.02	1657.5/1675 = 0.99	1725/ 1472.5 =1.17	1660/ 1503 =1.09	1725/ 1472.5 =1.17
建物面積㊤	74.73 m²	91.51	70.63	116.39	108.12	99.59	76.03	72.57	76.35
門部巾芯々㊦	5224	5440	5605	4740	4420	4570	5455	4850	4710

以上、第5章は長屋門の構造(木組)と形態についての実測調査の結果をまとめたものである。建物の図面を描いてみると全体像が見えてくる。さらに細かく見ると各部の違いや共通点が気になった。

江戸・明治時代に建設された多くの長屋門は伝統構法で造られている。調査した長屋門は平屋建であるが、伝統構法に沿って平面は尺貫法によるグリッドのシステムをベースに、仕口や継手の技を駆使し、癖のある丸太材を自在に操っている大工たちの力量には圧倒される。

個々の長屋門の姿は全体的には類似しているようだが、各部分をよく観察すると違いがある。軒先の船栿造はどの建物も同様に見えるが、屋根裏を覗くとそのスペースを確保するため叉首組の組方などを工夫したり、1棟の造りに違いがある。

外観においても門部の位置が中央から左右に移動していたり、窓の大きさや位置も定型があるようだが、それぞれ個々には違いがある。

◇◇◇

このように、さいたま市にある長屋門の形態は類型化しているが、個々の差異や共通性がどの点にあるかを、木割との関係や立面のプロポーションについて実測数値と作図を用い、本稿で分析をした結果をまとめた。

第6章

長屋門の高さと段組について

緑区　Ｙ家長屋門

軒高
木造では地盤面から小屋組の横架材である軒桁または柱の上端までの高さのこと。

写真12　I家

写真13　Ko家

1 長屋門の建物の高さについて

門部と奥門部を挟んでいる左右のウイング（東西室など）の桁までの高さと門部の桁までの高さは、通常一致している。軒高*の高さに関係する部位は、桟梁・束・門部梁（桁レベルもあり）・船枻梁などによる木組の構成によって高さが確保されている。

門部の軒高の木組は、地面から土台＋冠木の成までの高さ＋桟梁＋先端の受材（時に桟梁に束立）＋桁、という寸法が合計されウイング部の軒高になる。

実測した各建物の桁までの実測寸法（表7）を見ると、冠木の内法寸法の低い建物は、I家（写真12）で2265で、高いものはKo家（写真13）の2515となっている。

それに対して軒高はI家は2860、Ko家は3920で、その差は1060である。冠木と地面との内法の高さとの差は、それぞれ次の通りである。595と1405[式14]。この寸法の違いはI家は桟梁（船枻梁）が組まれているが、Ko家は桟梁に載る門部梁に束立てをした船枻梁の組み合わせの建物で、高さの差は束立てが有る無しによって軒高の増減が調整（他の要因もあり）されている。

2 桟梁の役割と木組

長屋門の構造体は、中央部と左右のウイング部の軸組は異なる木組で構成されている。中央の門部・奥門部の木組は、門構えの機能としての門扉を支える構造体と共に、屋根を受ける構造と左右のウイングを接続するための梁組がなされている。その梁の1つに桟梁があるが、その役割について記述する。

①桟梁は門部・奥門部のスペースに対して、前後に架かる2本の上下の梁に中押し梁

表7　建物の高さと桟梁の関係

	①A家	②I家	③Y家	④F家	⑤Ak家	⑥K家	⑦H家	⑧Ku家	⑨Ko家	⑩M家
柱間巾	2727	2405	2580	2650？	不	、2410	2425	2650	2400	？
内法、冠木と地	2510	2265	2540	2700	2510	2615	2560	2520	2515	2450
同上の大小	開き戸	開き戸	2810 引き戸	開き戸	開き戸	開き戸	開き戸	開き戸	開き戸	2450 引き戸
桁上端(船枻受け桁上端)	3100	2860	3230	3700	3290	3315	2945	3005	3920	2890
同上の大小		**2860**							**3920**	
	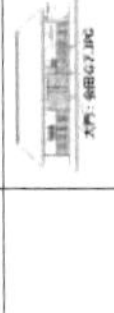	→		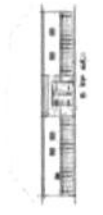				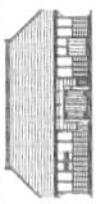	→	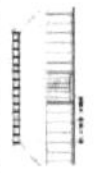
	×○桁皮付	→	×受丸太○	2 丸太○	2 桁+梁角 ○	2 角○	×○桁丸太	3 ○桁角	→	×X
	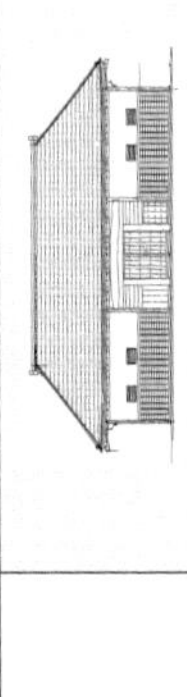									
	× 受丸太 ○ 桁角					2 ○ 桁角				

数字は桟木の本数　×:桟木無し　○:船枻あり　×船枻無し

写真14　A家

写真15　F家

が組まれフレームの安定性を確保しつつ、上部の屋根荷重を受けるため桟梁を架けている。

②建物の軒高を増すための工法として、門部の軒高の実例をみる。

A家（写真14）では冠木の上端に桟梁が架かり跳ね出し門部の丸太梁で受け、その先では出桁を支え、小差のレベルで桁が軒高をなしている。一方、F家（写真15）の軒高はA家では地面からの門扉の高さ＋冠木の成＋桟梁などにより高さが成り立っているが、それ以上の軒高を確保するため、桟梁で受けた門部梁の上端に束を立て、左右のウイングの軒高と一体化し必要な高さとしている。

③門部（立隠れ）正面の格式や権威の象徴として、桟梁を2本から4本架け、小口を化粧して見せている。

以上のことにより門部の木組の構成は、冠木の太さや親柱の見付幅、両開き戸の大きさと意匠・飾金物、桟梁の小口、そして真上の軒を支える船枻梁などで門部まわりの品格と威厳を表現している。

さらに上部の外壁面にある自然丸太や太い角梁もこうした表現に一役買っていて、大名屋敷の表門などを見ると、各部に飾り金物を付け華やかさを演出している。

3　桟梁・船枻梁などの木組の分類とパターン

さいたま市の長屋門を137軒（図20）調査したが、前章では平面構成の違いを次のように分類した。

1つは入口まわりがニッチ状になっているタイプ、もう1つは前者の入口部・門の構成は同様だが外壁とフラットになっているタイプ、そして門の構成が略されている納屋門型、この3種類に分けパターンを決めた。門部がニッチ状のタイプ(立隠れ)をⅠ種は83軒、フラット型がⅡ種と納屋門型Ⅲ種で12＋42軒とした。

図21のⅠからⅢ種のパターンは平面構成の特徴を表したものだが、中央部の桟梁な

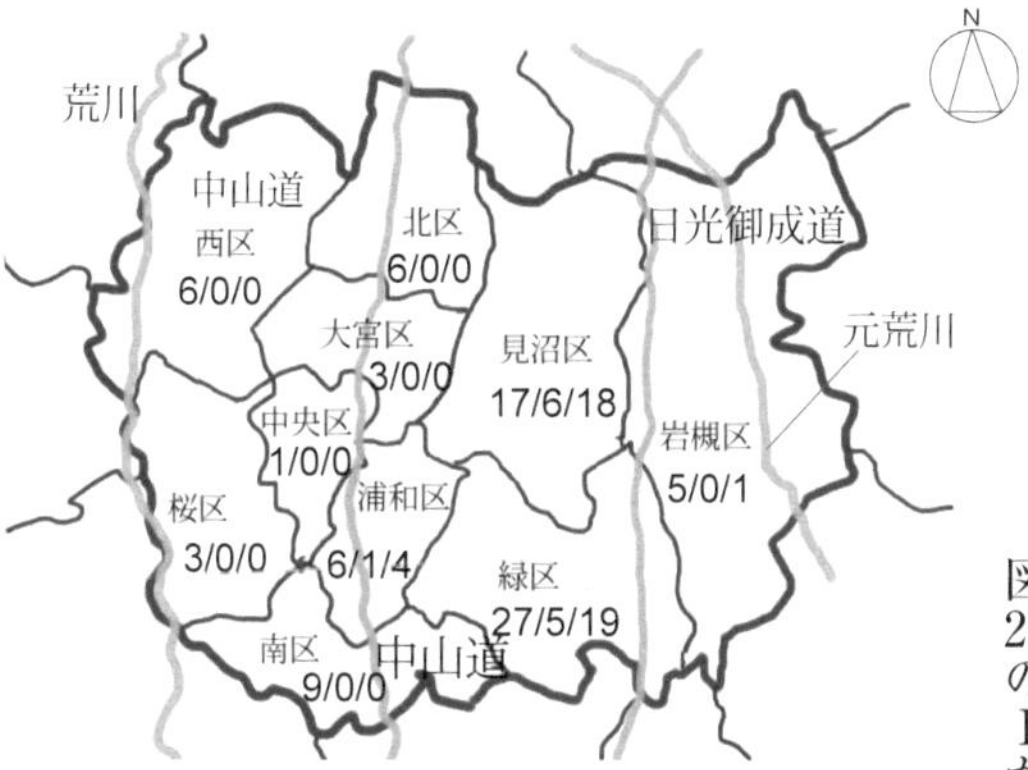

図20　さいたま市の各区にある棟数(左よりⅠ種／Ⅱ種／三種)

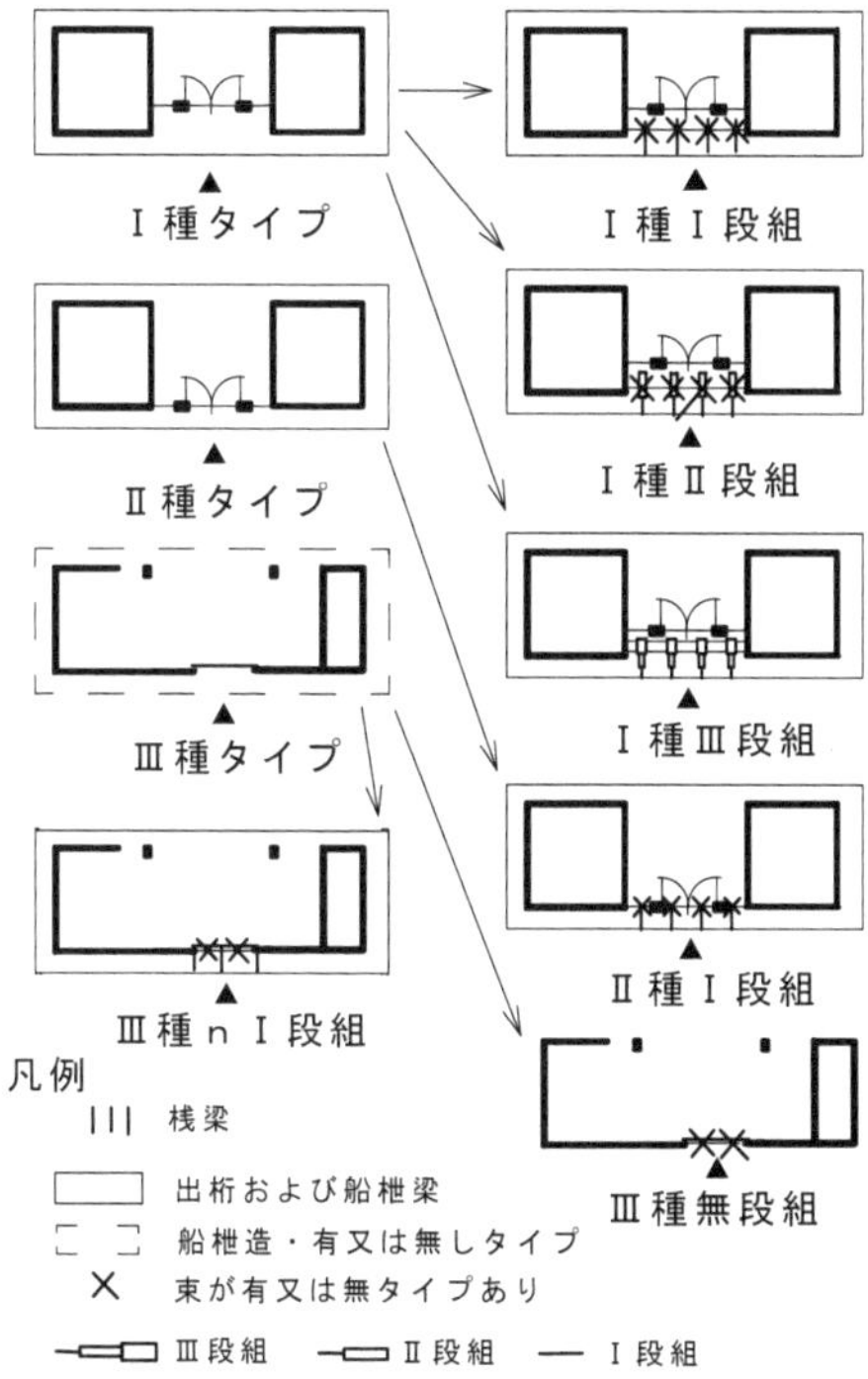

図21　種タイプと段組み記号図

どによる木組の違いである段数を3種類のパターンの名称にし、さらに桟梁の有無を新たな記号（図21）として加えた。

Ⅰ段組（A家など）とn1段組

A家などの門部まわりは外壁面より1段引っ込んだ上部に部材が組み上がっているが、その木組は両脇に親柱が建ち、柱頭に成のある冠木が載っている。その上端に桟梁が奥門部から延びてきて冠木より外壁面まで跳ね出し、門部の間口幅の梁に支えられその先端では出桁を受けている。

桟梁と桁は少差のレベルにあり、この桟梁が船枻梁を兼ねている。門部上部にある冠木の上に架かる桟梁のみの1本であることからⅠ段組と分類した。建物の軒高の木組についてはページで述べたが、このタイプは材の組み合わせがシンプルで軒高が低めな構えになっていて全体に素朴な造りである（写真16、図22、23）。

また入口部が外壁とフラットな納屋門は、A家の門部の木組と同様で船枻梁が架かっている建物をn1段組（写真17と図24、25）とし、船枻梁が掛かって無い建物もある。

Ⅱ段組（F家など）

このタイプは冠木の上に桟梁が載り跳ね出し、その先端に門部梁を受け、さらにその梁の上に束が立ち桁が組まれる。桁の上から船枻梁が延びて、その先端に出桁が載り垂木が架かる。

この構成の特徴は、軒高は地面からの建具の高さ＋冠木の成＋桟梁＋門部梁、そして束の長さが加わり桁を受ける。これらの合計寸法が軒高となる。さらに船枻梁が載って先端で出桁を受ける。

写真 16　本陣 A 家　門部

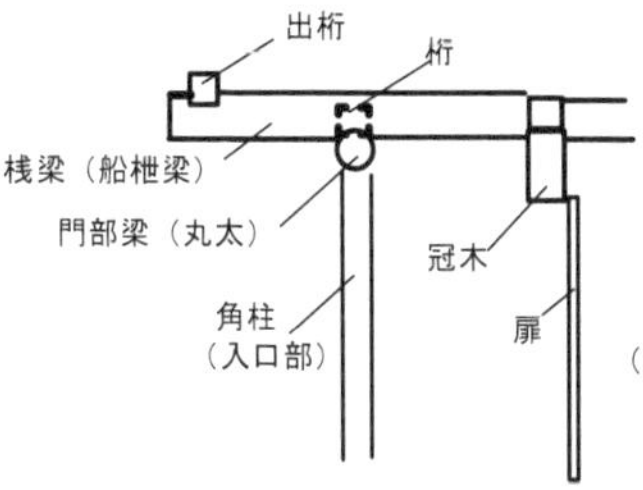

図 22　本陣 A 家　断面

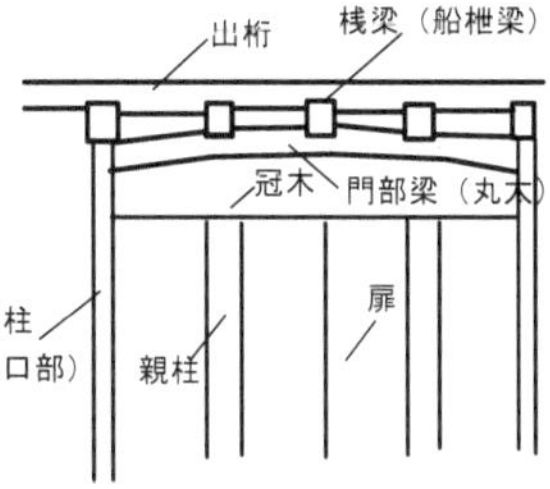

図 23　本陣 A 家　正面図

写真 17　n1 段組　納屋門

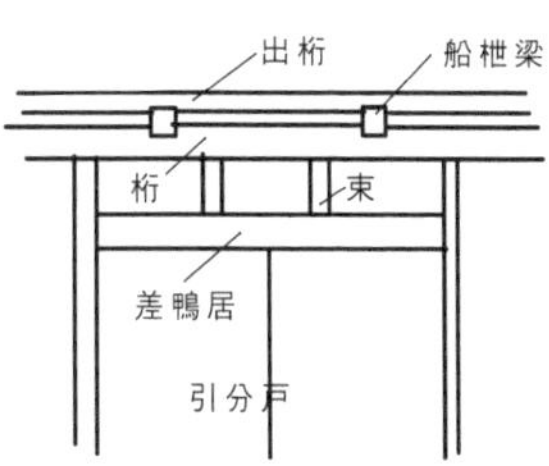

図 24　n1 段組　正面

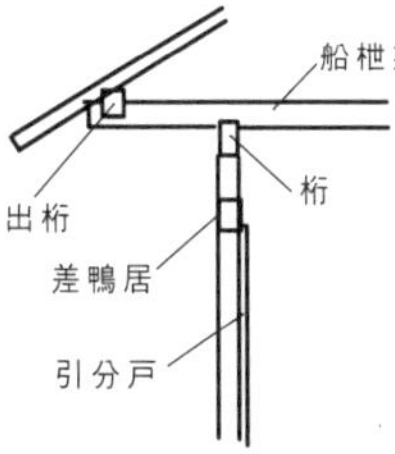

図 25　n1 段組　断面

Ⅰ段組の建物より束や梁が加わりその分全体が高くなる、あるいは高くできる。桟梁と船枻梁の２本があることによりⅡ段組とした（図26、27）。この構法によって外観に迫力が増し、空間の高さを一段と大きく見せることで威厳と権威性を強めている（写真18）。また高さを増すことで左右のウイング（室内）での作業がしやすくなり、背の高い道具も入れられるメリットが生じる。

写真 18　F 家

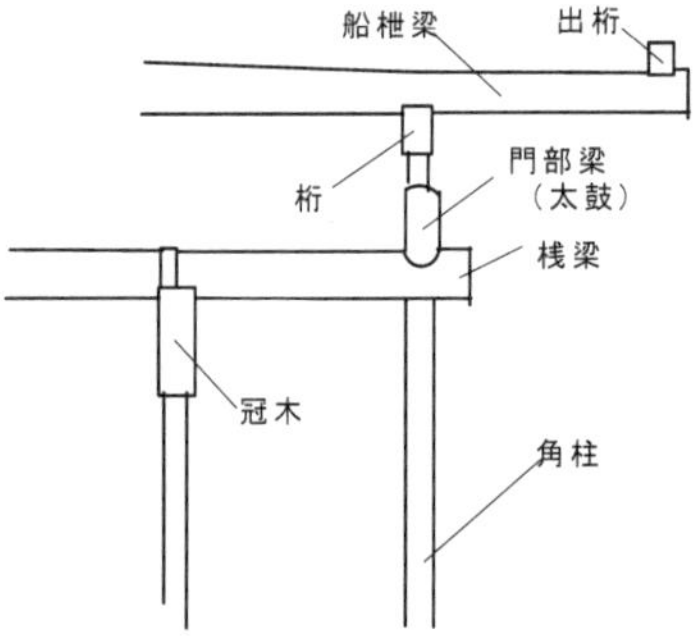

図 26　断面図　F 家（太鼓梁に束が立つ）

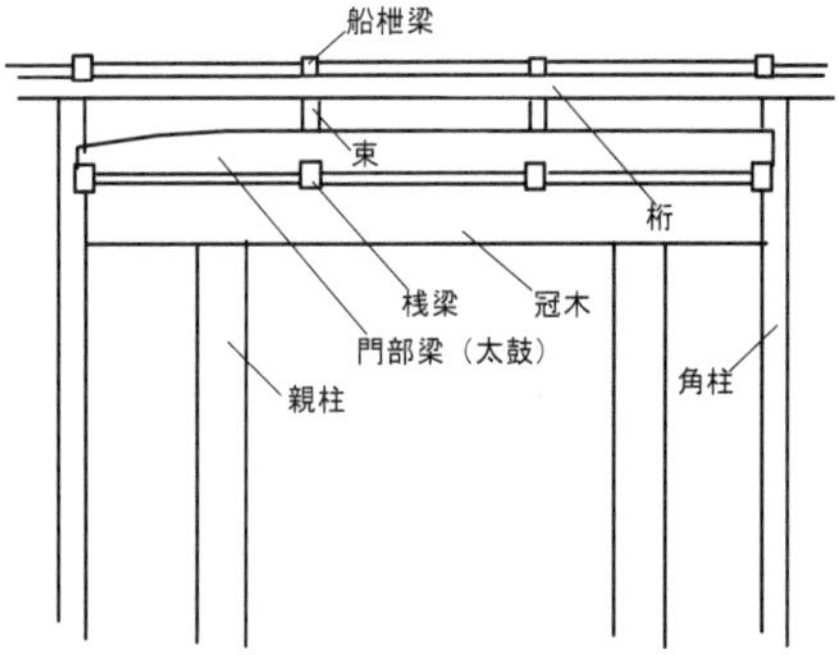

図 27　正面図　F 家

Ⅲ段組（茨城県などで見られる長屋門）

この組み方は上段の桟梁と下段の桟梁が水平または屋根勾配に傾け上下にセットされ、その上に船枻梁が突き出ている（図28、29、30）。門部の木組が華やかさのあるタイプで建物の高さも伸び、軒が覆いかぶさり迫力のある建物となっている。

さいたま市には見当たらなかったが、船枻梁と上段桟梁と中段、そして下段桟梁の3本があることでⅢ段組とした。この例は茨城県などに存在する長屋門に見られる。

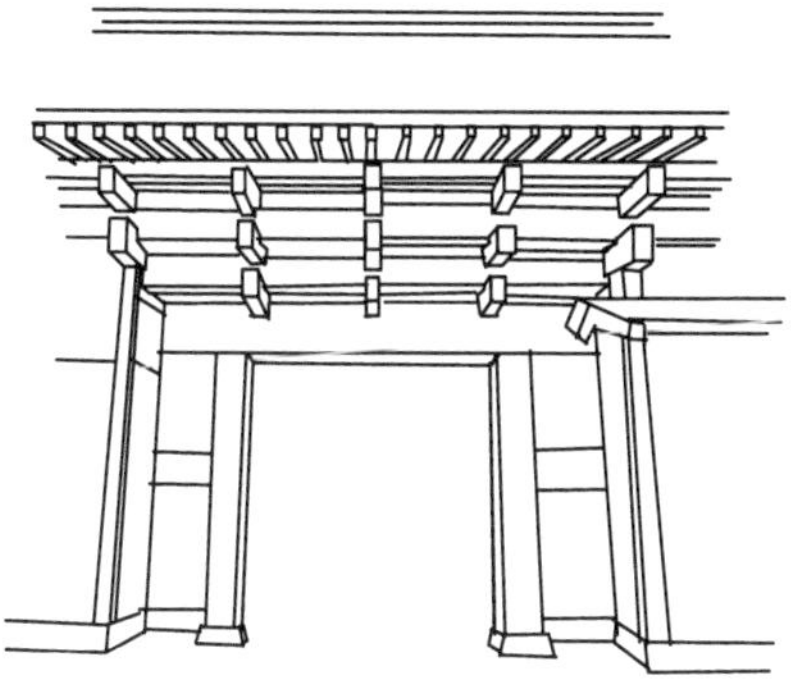

図28　Ⅲ段組の長屋門

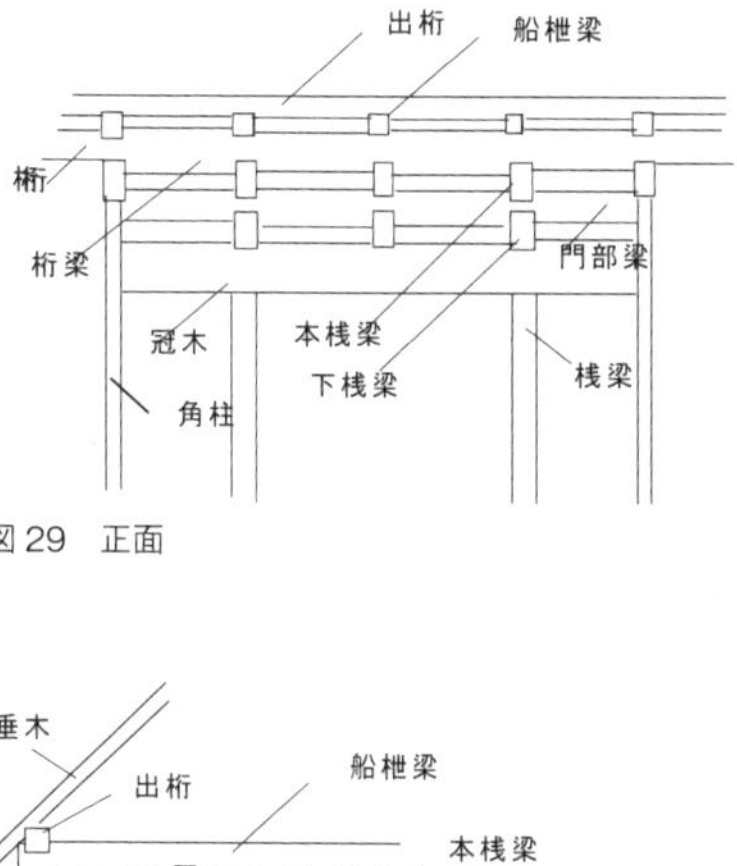

図29　正面

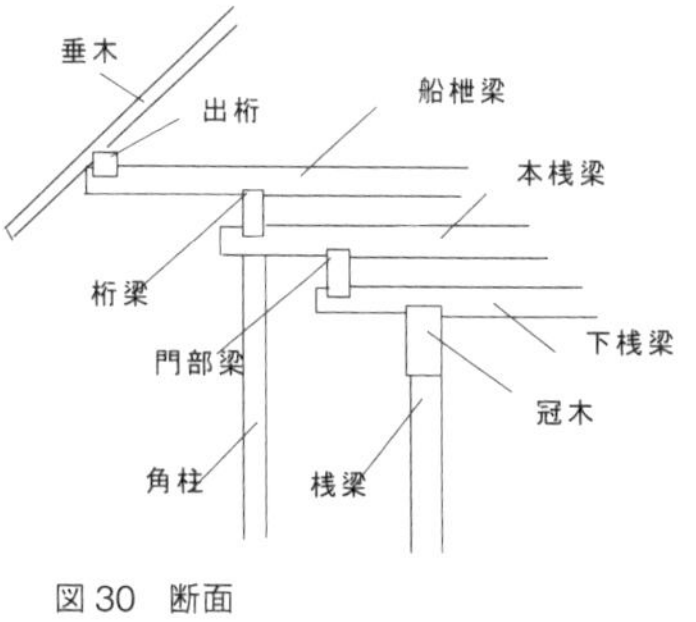

図30　断面

写真 19　M 家納屋門

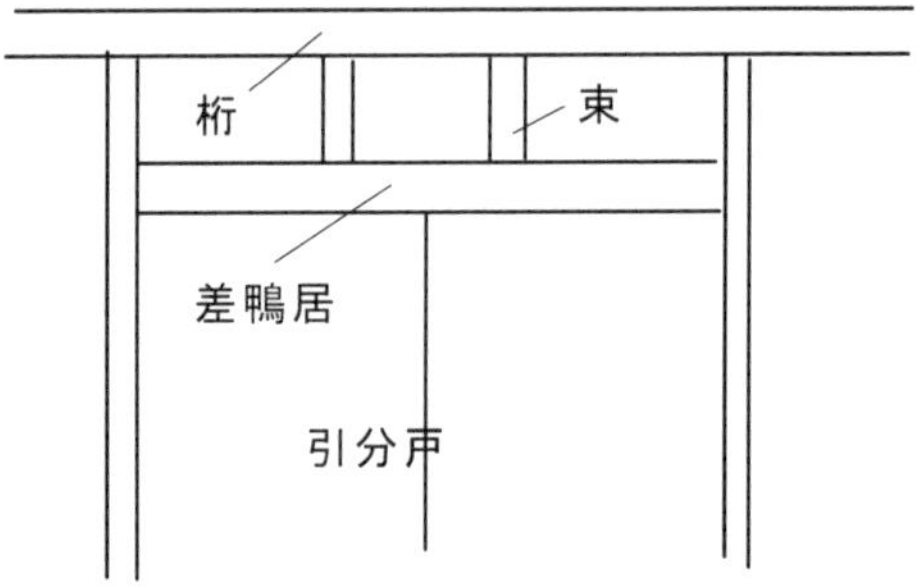

図 31　正面

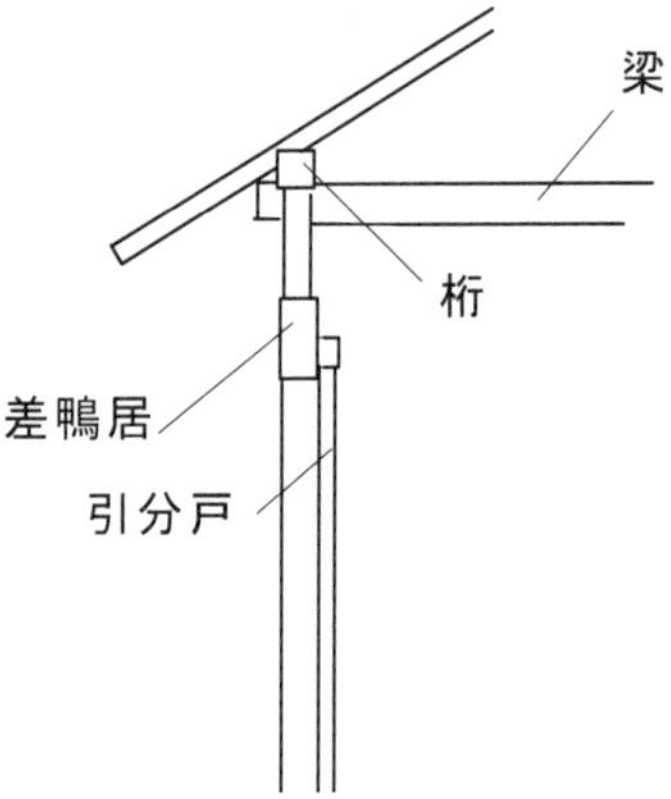

図 32　断面

無段組（納屋門）

無段組の組方は農家に見られる納屋門型の出入口の木組である（写真19）。立隠れ（門部）がないため桟梁の必要がなく、桁下の1間から2間幅の入口に差鴨居が架けられ引き戸が建て込んである。

桁の上には船枻梁は無く、垂木が架かって軒の出は少ない（図31、32）。納屋門の中には船枻梁が架かっているn1段組のタイプもある。

4　各段組の変化

数多くある長屋門の構造は基本形に則って建築されているようだが、敷地の条件や時代、規模、技術、経済力などによって細部が工夫され、さまざまな木組の建物が造られている。

ここではさいたま市緑区の長屋門の種別を基に、Ⅰ、Ⅱ、無段組の木組が工夫され変化した例を挙げてみる。なおｎ１段組と無段組は割愛する。

Ⅰ段組

さいたま市では大門地区の本陣（A家）の長屋門が元禄7年創建で、建設年代がわかっている建物では古いものである。

この建物の立隠れ部の木組は、外壁面にある丸太梁と冠木材で桟梁（船枻梁）を受けている形式である（図33）。

冠木材は太いものが多いが、中には細目の冠木材に束を立てたタイプや桁梁が丸太や太鼓状のもの、そして使用してないものもある。

Ⅱ段組

図34①の左側の図で冠木から桟梁を跳ね出し、その先端に門部梁（桁）を受け、さらに船枻梁を跳ね出した束立て無しのタイプ、左から2番目の図は桟梁の先に梁を受け束を立て、その上に桁を受け、さらに船枻梁を跳ね出すタイプなどがある。

Ⅰ段組・変化

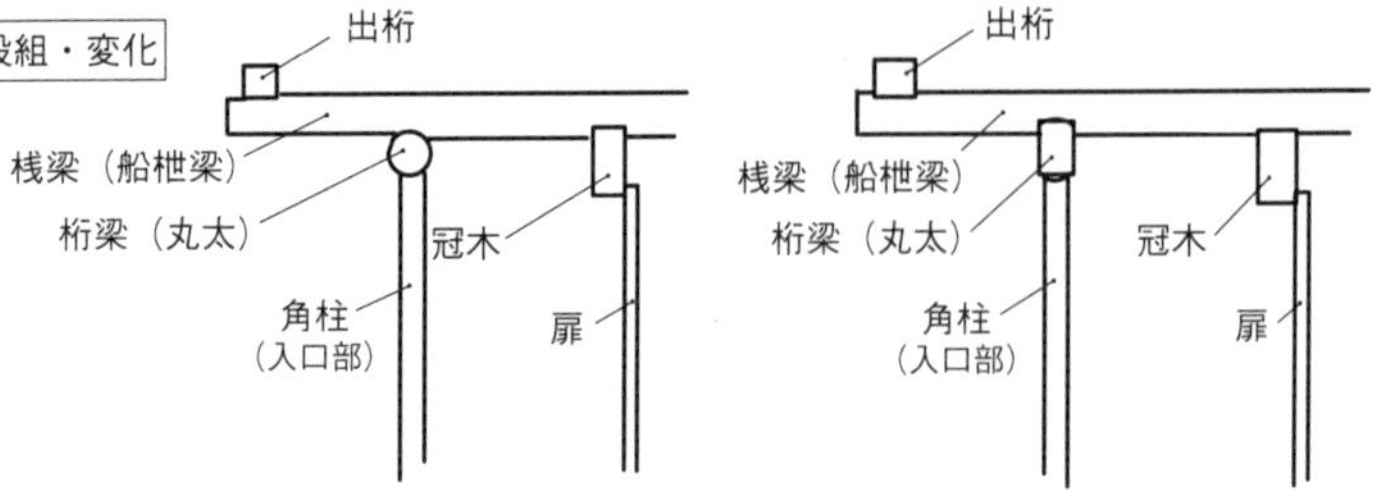

丸太梁タイプ　　太鼓梁タイプ

図33①　左　本陣A家（丸太梁）　右　脇本陣（太鼓梁）

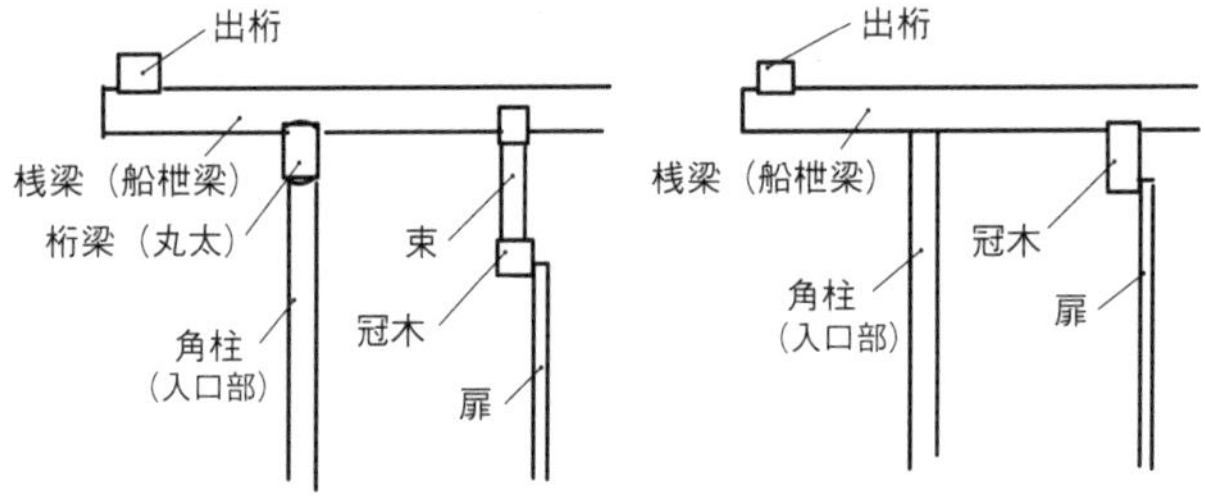

冠木に束立タイプ　　梁無タイプ

図33②　左　As家（冠木に束）　右 Mu家（梁無し）

Ⅱ段組・変化

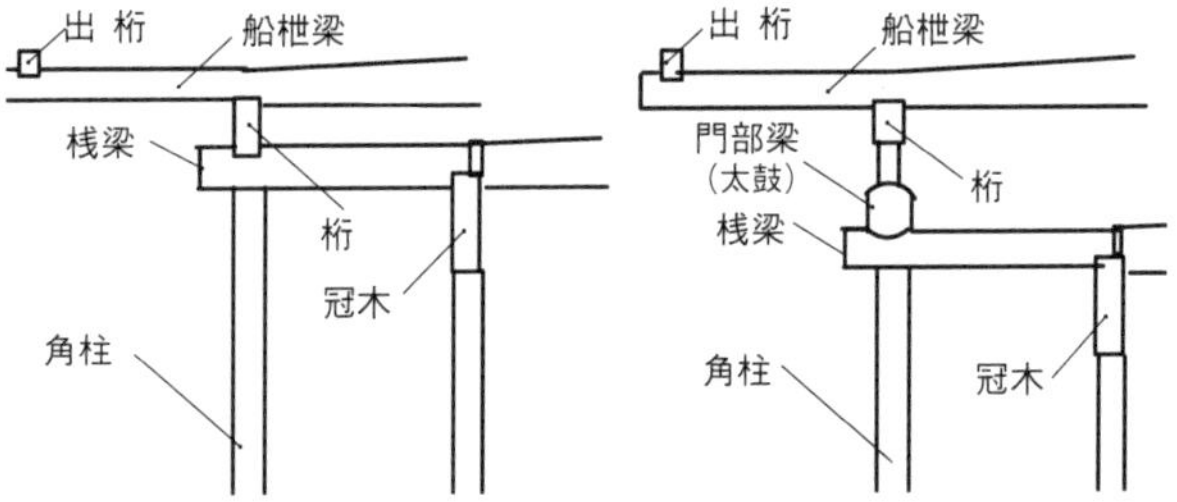

図34①　左　K家　入口梁は角材、束なし　右　F家（太鼓梁に束が立つ）

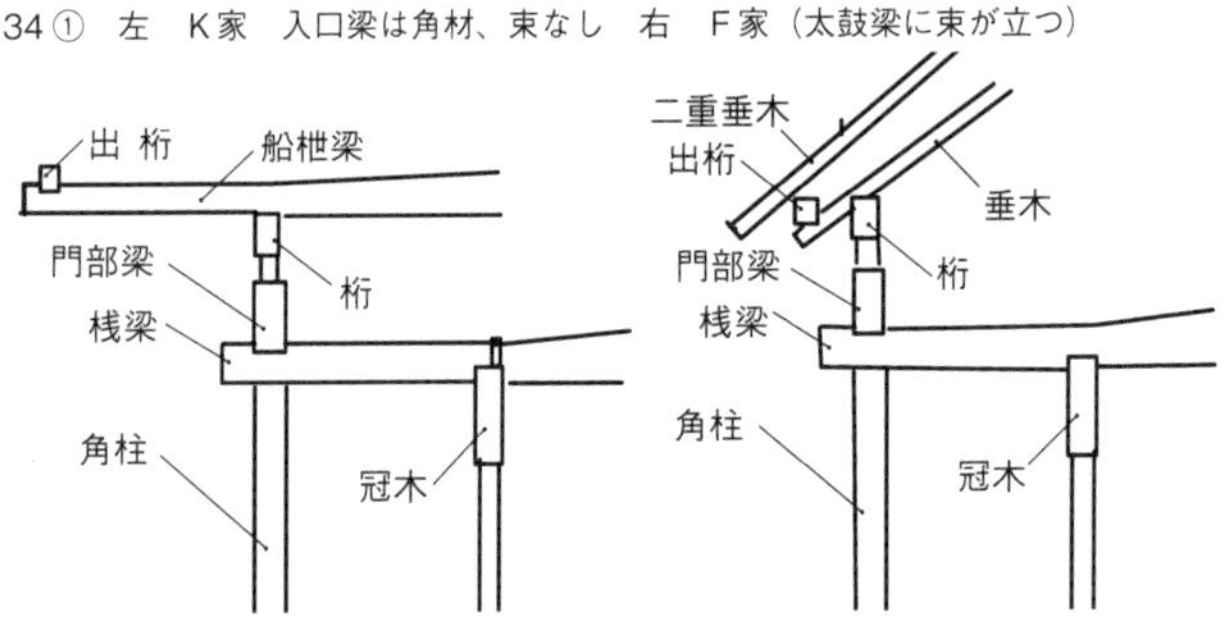

図34②　左　At家（門部の梁は角材）　右　Ab家（門部の梁に束が立つ、船枻梁が垂木サイズで出桁を受けている）

5　梁組の模式図を描く

梁組の模式図は図9、13に示したが、ここでは段組ごとの門部・奥門部の木組とウイングの取り合い部は建物ごとで工夫がなされ、それについて考察を試みた。

Ⅰ段組

大門本陣表門（A家）図35は、門部・奥門部の梁間に一部跳ね出し、全長3・5間の桟梁（船枻梁）が架かっている。この桟梁があるスペースに対して左右のウイング部（東西部屋）は門型の軸組になっていて、中央に中押し梁が長手方向に架かっている。

門部・奥門部のスペースとウイング部の構造体を繋げることにより強化できると思われるが、桟梁と直交する梁（点線）は確認できなかった。H家（図36）はウイング部の船枻梁は3間のスパンに対して1本もので前後に跳ね出している。中央の門部・奥門部では船枻梁がウイング部と同様に跳ね出し、下段の梁は中押し梁を挟む梁で強化していると思われる。いずれも門部梁に桟梁（船枻梁）が1本のみ架かっている形式で、これをⅠ段組のタイプとした。

Ⅱ段組

F家（図37）は門部にある船枻梁と桟梁が上下に組まれている。左右のウイング部の梁間方向の梁が、中押し梁を上下で挟んだ木組となっている。これと門部も同様な木組となっているが、門部の左右端は3本で組まれており、接続部の強化を図っている

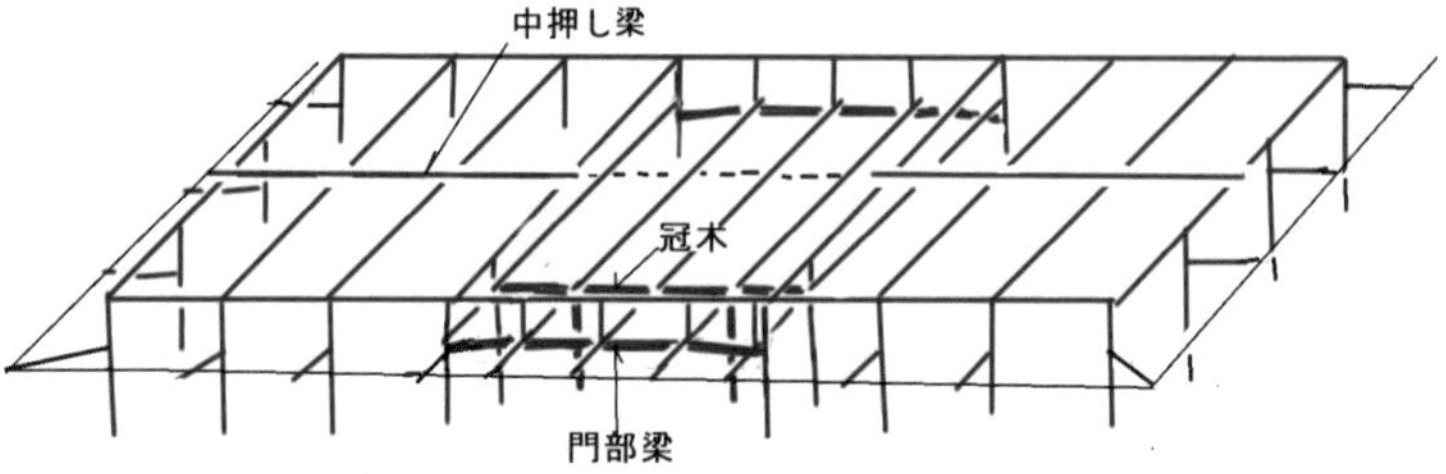

図 35　Ｉ段組　本陣表門（A 家など）

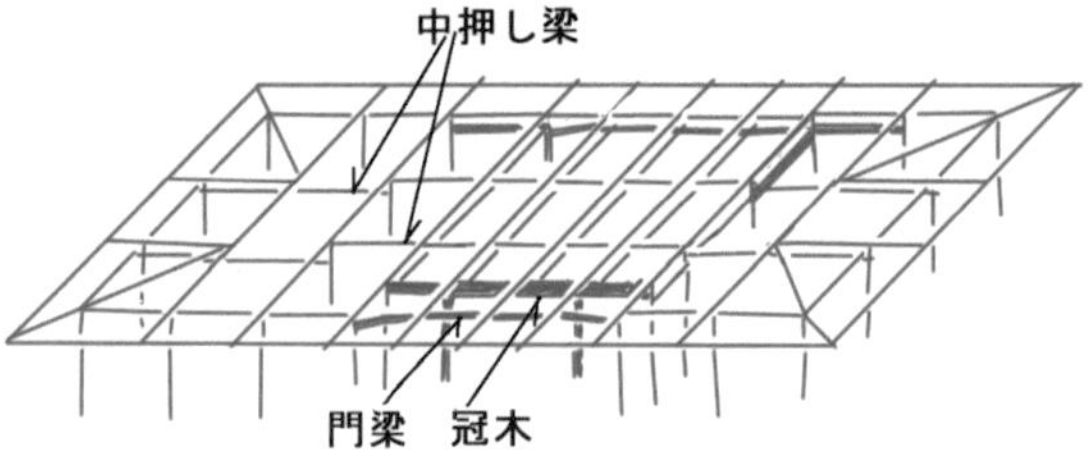

図 36　Ｉ段組　H家

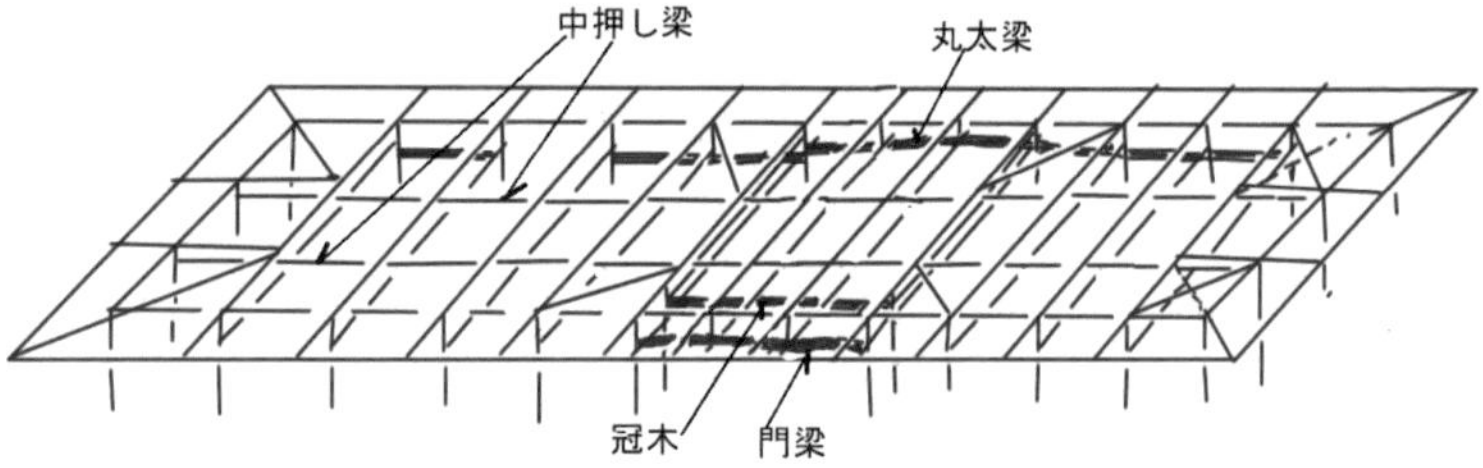

図 37　Ⅱ段組　F 家

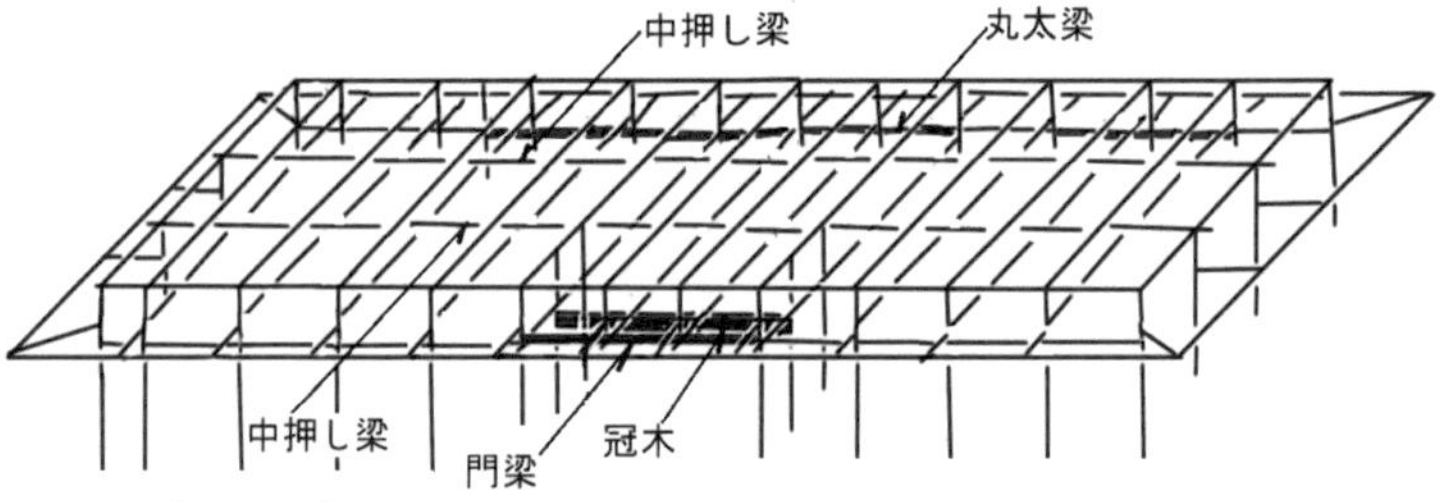

図 38　Ⅱ段組　Ak 家

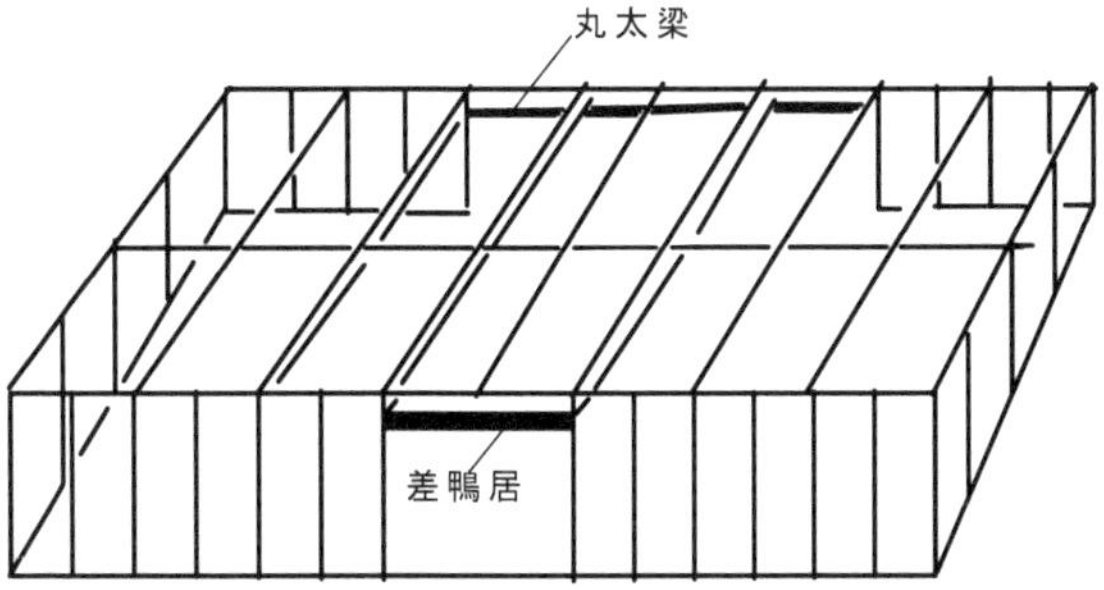

図39　無段組　M家納屋門

と思われる。

桟梁で支えている門部梁には束を立て桁を受け、上部に船枻梁を組んでいる。先にも述べたがこの桟梁と船枻梁が2本組となっているのでⅡ段組とした。

Ak家図38は、F家に類似していて桟梁が冠木の上端から外壁面まで跳ね出し、門部梁を支えている。その梁から船枻が跳ね出し、出桁を受けている。桟梁と船枻梁の2段組の木組を造り、門部梁に束を建てない方式となっている。

無段組

さいたま市緑区の民家園[注11]内にある納屋門（図31、32）は入口1・5間幅の両脇柱上下に梁が2本架けてあるが、反対側の開口部の両柱とも2本でないのは何故だろうか。

長手方向の中央部に梁（中押し梁）を通し、架構全体の安定を補助しているのだろう。

入口は、引分戸の片方に小引戸付き。差鴨居に引戸用の当て板が取り付けられている。船枻梁はない。

◇◇◇

以上、さいたま市に点在する長屋門についての分布や棟数を確認し、カバー屋根である長屋門の所有者に調査の承諾をお願いして実測を行い、図面を起こした。

図面化した建物と調査した長屋門、そして以前報告されていた『大宮の長屋門』の資料に掲載されている数棟の建物は既に解体などにより見ることはできなかったが、残りの資料を比較検討した結果、さいたま市にある長屋門は類似的ではあるが、詳細に見ると平面や外観、そしてその構造に多少の違いと特色があり、その点を中心に考察をした。

また長屋門の形態をビジュアル的観点から眺めると、古建築は比例関係で造られているものもあるという。そのことを考慮すると長屋門のプロポーションは大工の『匠明』に明記されている数値で造られているように感じられた。

そこで『匠明』などにある数値を基に実測した数値で立面図に描いてみた。その数字を見ると「当たらずとも遠からず」という結果であった。

その形態のメリハリのあるプロポーションは、職人たちの経験と知恵による自発的建築であるのかもしれないが、『匠明』などによる基準値を基にし、黄金比や白銀比などの比例関係で古の大工たちが造ったと思うと興味は尽きない。

第2章と本章では時系列、建物の高さ、桟梁と船枻梁の木組について、さらに長屋門の門部まわり（立隠れ部）と左右の部屋との構造体・桟梁について等の分析をした。

まず建物を創建年代によって時間軸に並べ、その外観の変化について見てみると、中世の時代では比較的質素な造りだったが、時代が下ると多少規模や派手さが加わってくる。飾り金物付きの門扉や部材は太くなり、堅固な建物となってきているような傾向が見て取れた。

次に左右のウイング部（部室や納屋）に挟まれた門部・奥門部は門柱と冠木材による開口部のプロポーションが基本となって、冠木・桟梁・桁などの木組により軒高が定まる。

以上の手法により建物の高さを設定するのではないかと推測する。さらに桟梁や船柵梁の木組に使われる梁の本数によってⅠ、Ⅱ、Ⅲ段組からそして無段組のタイプに分類した。

結果として、長屋門は屋敷における付帯施設であるが、個々に比較検討・分析を行うと、年代や規模そして工法の違いなどの特徴が浮上し、小さな建物だが建築的観点から多々特質のある建物であった。

ことの始まりは大門地区にある本陣の長屋門を車の中から何気なく見て、浦和くらしの博物館民家園の納屋門なども見ていながら、当市にはこれほどの棟数の長屋門があったとは驚き以外の何物でもない。「灯台下暗し」とはこのことで、身の回りの風景の中には隠された事柄が多数埋没しているのだと思い知らされた。

第7章

さいたま市に在る長屋門のデータ・注・資料

緑区下山口新田　Ｍ家

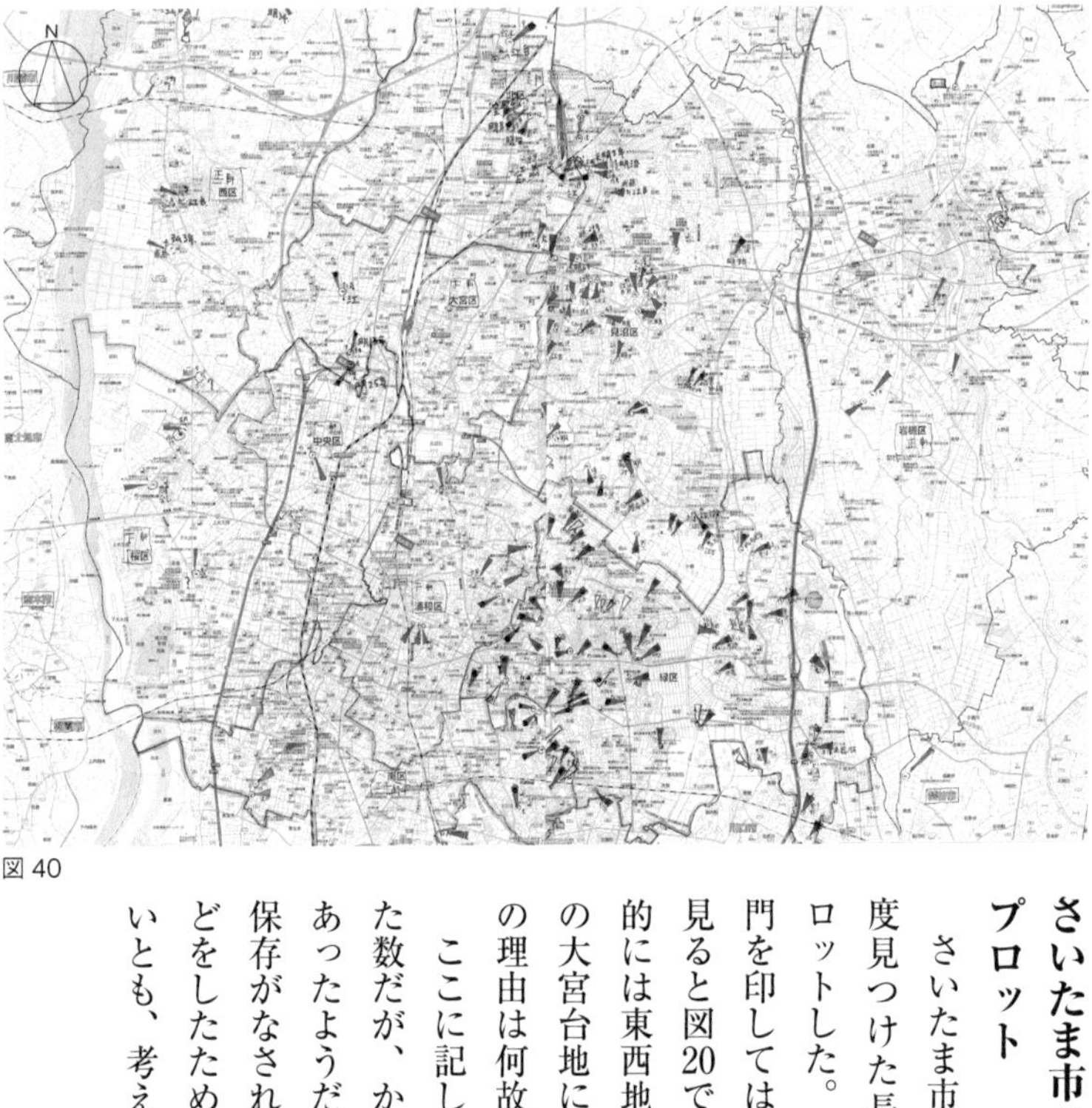

図40

さいたま市の地図に長屋門をプロット

さいたま市の各地を巡りその都度見つけた長屋門を地図上にプロットした。探索した全ての長屋門を印してはいないが、この図を見ると図20で記したように、地勢的には東西地域には少なく中央部の大宮台地には多く存在する。その理由は何故なのだろう？

ここに記した結果は現在見分した数だが、かつてはかなりの棟数あったようだ。中央部が多いのは保存がなされ残り、東西は解体などをしたため少数しか残っていないとも、考えられるが？

各区・町内の棟数リスト

この表は各区の地区ごとにある棟数を示した。第1章の表2をもとに、各区のどの町内に何棟あるか示したが、各区の中の町名の詳しい位置については、さいたま市発

表8

区名	各棟数	合計（町内）
大宮区	3/0/0	3棟
	上小	1
	桜木	2
北区	6/0/0	6棟
	土呂	1
	本郷	4
	吉野	1
浦和区	6/1/4	11棟
	木崎	4　1/1/2
	元町	2　1/0/1
	本太	2　1/0/1
	瀬ケ崎	1　1/0/0
	上木崎	2　2/0/0
緑区	27/5/19	51棟
	東浦和	4　3/0/1
	芝原	2　1/1/0
	代山	1　1/0/0
	太田窪	1　0/1/0
	道祖土	4　2/0/2
	大門	4　3/1/0
	中野田	2　2/0/0
	民家園	1　0/0/1
	大崎	2　1/0/1
	南部領辻	4　0/0/4
	上野田	1　1/0/0
	間宮	1　1/0/0
	中尾	11　7/2/2
	三室	8　3/0/5
	大間木	1　0/0/1
	大牧	1　1/0/0
	芝原	3　1/0/2

区名	各棟数	合計（町内）
見沼区	17/6/18	41棟
	大和田	8　4/2/2
	山	1　1/0/0
	宮ケ谷塔	1　1/0/0
	片柳	5　4/0/1
	染谷	2　0/0/2
	御蔵	4　0/1/3
	南中野	1　1/0/0
	中川	3　2/0/1
	南中丸	4　0/0/4
	蓮沼	9　2/3/4
	大谷	2　1/0/1
	小深作	1　1/0/0
南区	9/0/0	9棟
	大谷口	4
	広ガ谷戸	1
	南浦和	1
	沼影	1
	内谷	2
岩槻区	5/0/1	6棟
	真福寺	2　2/0/0
	村国	1
	太田	1
	古ケ場	1　0/0/1
	駅前	1
桜区	3/0/0	3棟
	宿	2
	道場	1
中央区	1/0/0	1棟
	本町西	1
西区	6/0/0	6棟
	中釘	1
	宝来	1
	土屋	2
	馬宮	1
	島根	1

各区の「Ⅰ、Ⅱ、Ⅲ種」タイプの合計棟数	83/12/42
総合計棟数	137

写真 20　永田家長屋門

写真 21　岩槻城城門（黒門）

行の地図などを参考にしていただきたい。

各区にある各種の棟数のグラフ

各区にある長屋門の棟数と種別Ⅰ～Ⅲの形式の長屋門の多少が一目瞭然に分かる（表9）。緑区が一番多く次に見沼区となっている。どうしてこの2つの区に多くあるのか、今後のテーマである。

さいたま市に在る文化財長屋門

さいたま市に在る文化財の長屋門は表1にあげた7棟がある。本書で大門宿本陣表門、深井家長屋門、旧武笠家表門を取り上げ、大門宿脇本陣表門もふれてある。これ以外の長屋門について表にある内容は省き簡単に述べておく。

・細淵家住宅長屋門は、明治期に移築された武家屋敷の門で重厚な造り。木造平屋建、切妻造、桟瓦葺の長屋門は番所がある。

・永田家長屋門及び籬子塀は、武家型長屋門で、屋根は寄棟造で桟瓦葺、市内では最大級である。長屋門両端に曲折の籬子塀を接続している（写真20）。

・岩槻城城門（黒門）は江戸時代終り頃に建立。屋根は寄棟造で瓦葺。城内での位置は不明だが、岩槻公園内の現在地に移築された。「黒門」の名の通りの建物（写真21）。

表9　さいたま市各区にある長屋門棟数（ただし、解体、特殊建物は含まず）

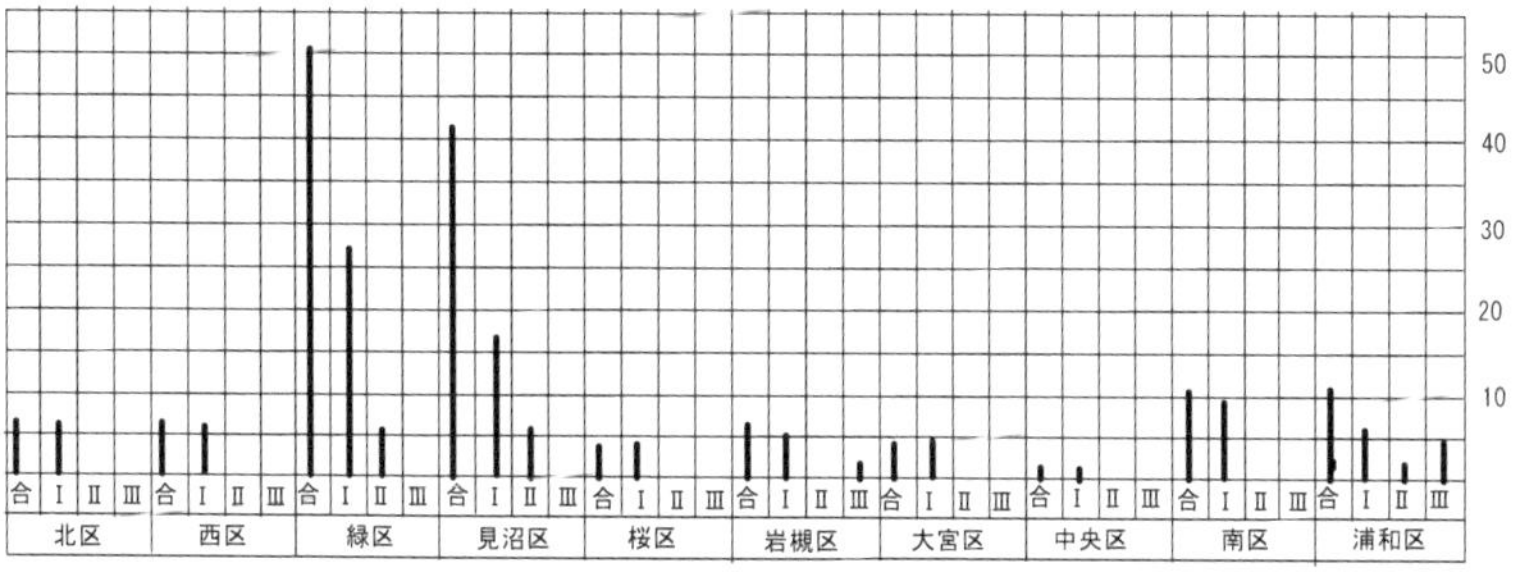

細淵家住宅長屋門

［注］

注1　この本の「民家の長屋門について」は、青木義脩氏が大門宿本陣表門を中心に解説している。

注2　大門宿本陣表門の構造材ホゾに創建の時期と「長屋立隠ホゾニ有之」と墨書されている。この文言が基になっているらしい。

注3　旧大宮市教育委員会が旧大宮市に在る長屋門を調査した報告書『大宮の長屋門』第49集。

注4　長屋門の建立時期を知ることにより建物の新旧の判断ができ、社会背景も知ることができる。

注5　大門宿脇本陣表門は門と正面腰板廻りを紅板塗りとし「赤門」とも呼ばれる。『浦和市文化財調査報告書』第17集

注6　調査した長屋門が江戸時代から明治にかけてどのように変遷したかを立面図を基に一覧表にして比較した。

注7　門部の構造は下部は柱と冠木が組まれ、その上部に梁と桁が組まれて屋根が架かっている。扉まわりには金物が付けられている。

注8　『浦和市文化財調査報告書』第40集

注9　下記の書籍に当時の状況が詳しく書かれている。宮崎克己・吉田伸之『武家屋敷』山川出版社

注10　実測で使用した単位はメートル。間数の表示はメートル値を換算した。尺貫法で3尺単位で柱が割つけられているようだが、当時のスケールは幾種類も物差しがあったので現在のスケールとは一致しないと思われる。

注11　浦和くらしの博物館民家園は、市内の伝統的な建造物を7棟移築復原し、民俗資料を展示公開している野外博物館。

【参考文献】

『大宮の長屋門』第49集、大宮市教育委員会、2001年
川島宙次著『滅びゆく民家3』屋敷まわり・形式、主婦と生活社、1976年
『江戸に於ける武家屋敷表門』建築学会大会論文、日本建築学会、田邊泰・伴野三千良、1933年
『建築学体系4』建築学体系編集委員会、彰国社、1968年
『埼玉民俗』第21号～第23号、埼玉民俗の会、1996年
宮崎克己・吉田伸之著『武家屋敷』空間と社会、山川出版社、1994年
山本勝巳ほか著『関東地方の民家』、明玄書房、1980年
伊藤鄭爾著『中世住居史』東大學術叢書14、東京大学出版会、1973年
伊藤ていじ著『民家』日本の美術21、平凡社、1965年
青木義脩著『さいたま市の歴史と文化を知る本』、さきたま出版会、2014年
竹山恭二著『平左衛門家始末』浜松・竹山一族の物語、朝日新聞社、2008年
『民家』111号・114号、日本民家再生協会、2019・2020年
草屋根の小屋組み／川島宙次著『民俗建築』第4巻 第66号、編集・日本民俗建築学会
『民俗建築』158号～160号、編集・日本民俗建築学会、2020～2022年
『浦和の古建築』、浦和市教育委員会編、浦和市、1999年
『浦和市史』第3巻［1］近世史料編1、浦和市総務部市史編さん室編、浦和市、1981年
『浦和市史』通史編1、浦和市総務部市史編さん室編、浦和市、1987年
『浦和市史』通史編2、浦和市総務部市史編さん室編、浦和市、1988年
『浦和市史』民俗編、浦和市総務部市史編さん室編、浦和市、1980年
『大宮市史』第3巻 上 近世編、大宮市役所、1977年

『大宮市史』第3巻 下 近世地誌編、大宮市役所、1973年
『大宮市史』第5巻 民俗・文化財編、大宮市役所、1969年
『緑の歴史』第17～19号、さいたま市緑区歴史の会
堀越三郎・山崎弘著『工学院大学研究報告』第13、14号別冊、工学院大学、1963年
『浦和市文化財調査報告書』第37集、浦和市教育委員会、1993年
『大門宿本陣表門解体修理報告書』、浦和市教育委員会、1972年
『浦和市文化財調査報告書』第17集、浦和市教育委員会編、浦和市教育委員会、1973年
『椎りぽーと』第五一号、さいたま市教育委員会、2013年
www.jia-tokai.org/archive/sibu/architect/2008/05/kiwari.html
　第2回 木割の話「門」の種類と木割河田克博（名工大大学院教授）
『建仁寺派家伝書』「門集」―「四足門」
www.city.saitama.lg.jp/004/005/006/001/index.html
　さいたま市／指定文化財の紹介
など

[式]

p.57

式1　A-Bは2660+390+155 = 3205　A-B × 2 = 6410でほぼ一致する。
　　門部の親柱の外法寸法D-E = B-Aで円を描くと、

式2　A-C-D = 5490+965 = 6455　A-B × 2 = 6410でほぼ一致する。
　　門部の親柱の外法寸法D-E = B-Aで円を描くと、

式3　対角線(白銀比)は3205 × $\sqrt{2}$ = 4532.55となり、

p.58

式4　土台下から桁上の長さは3750-100 = 3650 → 3650 × 2 = 7300は桁行方の長さの実測値(は)7270でほぼ一致する。

式5　土台下端から桁上場までの実測値
　　200+1480+1130+380=3190.00(a)

p.59

式6　桁行方向の実測値7320+(4420-2320)/2 = 8370

式7　桁行方向の円弧の1つ(8370/2.62) = 3194.00(b)
　　1+0.5+$\sqrt{1.25}$ = 2.62

式8　a/b = 3190/3194 = 0.999　∴3190≒3194

式9　土台上端まで、実測値2560-150 = 2710

式10　2710+$\sqrt{2}$ × 2710 = 6542 → 6542 ≠ 6520

式11　側面の幅の実測では5280(a)

式12　側面円弧2つ　2710 × 2 = 5420(b)

式13　a/b=0.974　∴5280≠5430

p64

式14　2860-2265=595と3920-2515=1405

あとがき

前述したように車で日光御成道を行き来する際に、その途中に在る珍しい茅葺屋根の建物が目に入った。

日光御成道とは日光東照宮へ将軍が社参する際の街道（日光街道の途中脇道）で、本郷追分から大門そして岩槻を経て幸手で日光街道に合流する道をいう。時間があるとき立ち寄ってみたいと思っていたが、頻繁に通っているわけでもないのでなかなかその機会がなかった。作らなかったというのが本音だが。

さいたま市に引越して三十数年が過ぎていたが、仕事中心の毎日で地元のことにほとんど関心を持っていなかった。しかし事務所を兼ねた自宅の周辺には田畑が広がり、川や用水路が流れている。

この地域はさいたま市と蓮田市に広がる「見沼田んぼ」という１２６０ヘクタールある緑地地帯である。自然のうつろいが目に見える環境である。

その環境に魅せられてよく散歩をするようになったが、いろいろなコースの途中、古建築が散在しているのに遅ればせながら気がつき、それらをスケッチして回るようになった。同時にたくさんの四季の野草にもめぐり合い、これらもスケッチを通して名前や特色などを調べるようになった。そしてこれら古建築と野草のスケッチを組み合わせて個展を開催したりした。

そんな趣味的な古建築のスケッチをするうちに、以前気になっていた建物・長屋門が目につくようになってきた。近隣で目についた長屋門をスケッチし、長屋門展を開催したところ、市内にこんな建物があるのかと多くの方が驚かれ、見に来てくださった方から情報をいただいたりした。

第1章で記したように市内のどこにどのくらい、どんな姿の長屋門があるかを見たくなり、個人で調べてみようと決心し調査を開始した。その結果、建築的に、美的に、そして歴史的視点から見た長屋門の姿形が見えるようになった。調査・分析した内容をここにまとめた。

長屋門は、江戸時代においては幕府の許可のもとに武士や村役のみが造ることを許可されたのである。それは屋敷に対しての表門であり、家の象徴としての門であり、家格を表した建物であったが、明治以降、一般の農家などでも造られるようになった。民家は「きのこ」とも言われて、その土地から芽生えたきのこのように、その地の自然環境と村社会に根差して生まれてきているが、長屋門も同様の建物であろう。

村役の長屋門は、武家の長屋門をもとにその形式の基本形を受け入れ造られてきたのだが、その後江戸から明治へと時代が下っていくと、その形式は村人たちなどの憧れや裕福さの競争の証として造られ、だんだんと形骸化していったようだ。

しかしその姿は武士の力の象徴としての威圧的長屋門の姿ではなく、都市に住む武士の長屋門とは違った流れの中で、村人や職人たちの独自の努力によって長屋門が保たれて、外連味がなく簡潔な姿となって遺ってきている。

この姿はこの地に在ってこそ生きている貴重な文化財である。

今回は長屋門に関して姿形や構造、構法などについて検証や考察を行ったが、その細部や飾りなどについて触れることができなかった。このテーマは今後の課題である。

今日、その姿が消えつつあるのは寂しい限りである。かつて浦和の民家を調査した建築学者の堀越三郎氏が「A家の家屋は現在では貴重である。末永く保存される様望むものである」*（昭和24年6月13、14日）と述べている。

この第1章から第6章の記述は、日本民俗建築学会の機関紙『民俗建築』158号から160号に発表した論文を基本的には踏襲しながら一部書き直し、誤記を修正しここに纏めた。

この調査に当たり見学させていただいた所有者の方、実測調査の許可をしてくださった方、また長屋門のことについてご教授いただいた青木義脩氏や関係者の方々に深く感謝いたします。

なお個人での調査分析につき、未熟な分析や表現、さらに間違った解釈などについてご指摘いただければ幸いです。

2024年10月　金木犀香る日に

植木　秀視

＊『武蔵平野部の古民家8』浦和の古民家について調査したページに、堀越教授による記述がある。

著者略歴

植木秀視（うえき・ひでみ）
1941年新潟県生まれ
さいたま市在住
工学院大学建築学科卒
木曽三岳奥村設計所等勤務
1986年植木設計一級建築士事務所設立の後、アトリエ／うえきに名称変更

主な作品
建築：あきら医院、幼稚園、倉庫や一之宮の家など住宅系を多く手掛ける
絵本・絵画：「長屋門ものがたり」など、建物や野草のスケッチ

主な賞
1993年あきら医院茨城建築文化賞・優秀賞
1993年埼玉県環境賞・奨励賞受賞
2002年TEPCO快適住宅・佳作
2002年インテリア産業協会インテリアで特別賞
2020年「家やまちの絵本」コンクール実行委員賞

主な活動
1975年 自由学園・明日館実測調査：日本建築学会・歴史意匠小委員会
2008年建築グループ展：埼玉県立近代美術館
2012年野草のスケッチ展を開催：市民ギャラリー
2015年古民家スケッチ展：和真ギャラリー
2023年長屋門展：市民ギャラリー

さいたまの長屋門
江戸の記憶を訪ねる

発行日　2024年10月30日
著者　植木秀視
xbox.ueki@nifty.com
発行　南風舎
千代田区神田神保町1-46
03-3294-9341
nampoosha@nampoosha.co.jp
編集制作　南風舎

ISBN978-4-9909168-3-1C0052